PETIT COURS

MYTHOLOGIE

PAR E. GÉRUZEZ

Ancien professeur à la Faculté des lettres de Paris.

NOUVELLE ÉDITION

AVEC 48 GRAVURES INTERCALÉES DANS LE TEXTE

PARIS

LIBRAIRIE HACHETTE ET Cie

79, BOULEVARD SAINT-GERMAIN, 79

PETIT COURS

DE MYTHOLOGIE

CORBEIL. — IMPRIMERIE CRÉTÉ.

PETIT COURS

DE

MYTHOLOGIE

CONTENANT

LA MYTHOLOGIE DES GRECS ET DES ROMAINS

AVEC

UN PRÉCIS DES CROYANCES FABULEUSES
DES HINDOUS, DES PERSES, DES ÉGYPTIENS, DES SCANDINAVES
ET DES GAULOIS

PAR E. GÉRUZEZ

Ancien professeur à la Faculté des lettres de Paris.

NOUVELLE ÉDITION

AVEC 48 GRAVURES INTERCALÉES DANS LE TEXTE

PARIS

LIBRAIRIE HACHETTE ET Cie

79, BOULEVARD SAINT-GERMAIN, 79

—

1894

AVIS DE L'ÉDITEUR

Ce *Cours de Mythologie* a été écrit par un père
de famille, pour l'instruction de ses propres
enfants. La matière était délicate, parce qu'il
fallait reproduire, avec retenue et cependant sans
infidélité, des récits qui constatent les aberrations
du sentiment religieux chez les peuples de l'antiquité. Ces témoignages d'une corruption profonde devaient devenir des leçons de saine morale.
Une pareille difficulté ne pouvait être surmontée
que par l'expérience d'un homme versé dans
l'enseignement et éclairé par ces lumières du
cœur que donne l'affection paternelle. L'épreuve
de la publicité a été complétement favorable à
cette tentative. Des mères de familles et des
membres du clergé nous ont félicité d'avoir mis
aux mains de l'enfance un livre qui l'instruit sans
danger, ou plutôt qui fait servir à la culture de

l'esprit et du sens moral le tableau des plus graves erreurs. Les qualités qui distinguent le style de M. Geruzez se retrouvent dans cet opuscule : elles relèvent par l'agrément de la forme la solidité du fond, et promettent un succès durable à cet ouvrage, qui a été pour l'auteur l'accomplissement d'un devoir et le délassement de travaux plus sérieux.

Nous avons ajouté à cette édition nouvelle quarante-huit figures donnant les principales divinités. Ces figures, dessinées d'après les types classiques, contribueront à l'intelligence du texte, et aideront au besoin nos jeunes lecteurs à reconnaître les personnages mythologiques si souvent représentés dans les tableaux et les monuments de toute espèce.

PETIT COURS

DE MYTHOLOGIE

MYTHOLOGIE

DES GRECS ET DES ROMAINS

INTRODUCTION

ORIGINE DE LA MYTHOLOGIE.

On appelle *mythologie* l'ensemble des fables ou croyances erronées qui formaient la base de la religion des Grecs et des Romains, et de tous les autres peuples de la terre, à l'exception des Juifs. Ce mot est composé de deux mots grecs, dont le premier signifie *fable* et le second *discours*. Le culte des faux dieux s'appelle idolâtrie [1].

Il faut, avant tout, chercher à connaître l'origine de ces fables, et pour cela il est nécessaire de remonter jusqu'au berceau même de l'humanité. Dieu, en plaçant l'homme sur la terre, s'était fait connaître à lui comme son créateur, et lui avait commandé de faire

---

1. Idolâtrie est formée de deux mots grecs, dont l'un signifie *idole* ou *image*, et l'autre *culte, adoration*.

passer cette connaissance à sa postérité. Ces ordres furent suivis, et la connaissance de Dieu et de sa loi se transmit d'abord fidèlement de génération en génération Mais, lorsque les hommes se furent multipliés et que leur nombre, toujours croissant, les obligea de s'éloigner des lieux où le genre humain était né, la tradition de la vérité commença à s'altérer, et le désordre fut bientôt si général, que Dieu résolut de détruire ces races corrompues. Le déluge ne laissa survivre que la famille du juste Noé, qui servit à repeupler la terre. Mais les mêmes causes, se renouvelant, produisirent encore des effets à peu près semblables. Le nombre des hommes s'accrut de nouveau avec une prodigieuse rapidité, et la vérité s'altéra encore une fois avec les mœurs, surtout parmi les descendants de Cham, le troisième des fils de Noé. Tous les peuples, à l'exception de celui que Dieu avait choisi pour être le dépositaire de la loi et pour rendre témoignage de la vérité sur la terre, perdirent peu à peu la trace de leur origine et la connaissance du Créateur. Mais, quel que soit l'aveuglement des hommes, leur intelligence n'est jamais complétement étrangère à la vérité. L'homme qui s'est abandonné à son sens propre et qui a négligé de recevoir le témoignage des temps passés, peut bien ignorer quel est l'auteur du monde, mais il ne peut pas aller jusqu'à penser que ce qui existe n'ait pas une cause ou un principe d'existence. Cette cause qu'il ne connaît plus, il la suppose, il l'invente. L'erreur a donc un fond de vérité, les faux dieux attestent le Dieu véritable, et ils ne sont venus que pour remplir le vide qu'avait fait dans les âmes une incrédulité passagère.

FORMATION DES FABLES ET MATÉRIAUX DE LA MYTHOLOGIE.

Ainsi l'origine des fables religieuses ou de la mythologie peut se rattacher à deux causes : la première est l'oubli de la tradition, et la seconde le besoin de remplacer les croyances perdues par de nouvelles croyances.

Puisque nous connaissons maintenant l'origine des fables, nous devons essayer de reconnaître comment elles se sont formées. Cette étude présente d'assez grandes difficultés, parce que les fables sont l'image ou le voile d'un grand nombre de faits de nature différente, qu'elles déguisent et qu'elles défigurent.

Quand on eut cessé de reconnaître et d'adorer comme créateur de l'univers un Dieu unique, tout-puissant et souverainement parfait, on fut conduit à attribuer tous les phénomènes de la nature à des causes distinctes. C'est ainsi que tout ce qui ne dépend pas de la volonté de l'homme fut divinisé. Le premier objet du culte de l'homme, abandonné à ses propres lumières, dut être le soleil, dont la chaleur féconde la terre et dont la clarté l'illumine. Il était naturel qu'on lui associât la lune, qui est le flambeau de la nuit, et qui servit d'abord à mesurer le temps. L'air qui enveloppe la terre, les eaux qui l'arrosent et qui l'entourent comme une ceinture, le feu qui échauffe ses entrailles, et la terre elle-même ; tous ces éléments qui paraissent avoir une puissance propre, indépendante de l'homme, devinrent des divinités. Le mouvement de l'air, le jaillissement de l'eau, la végétation des arbres, furent attribués à l'action particulière de quelque divinité. C'est de cette manière que le iel, l'atmosphère, la surface et les entrailles de la terre furent peuplés de dieux et de déesses innombrables, et que, suivant l'expression de Bossuet, tout fut dieu, excepté Dieu lui-même.

Tout ce qui se meut dans la nature étant par ce moyen transformé en personnes divines, l'homme donna des noms et attribua des aventures à ces dieux qu'il avait créés : il les maria, leur donna une famille, et multiplia de cette sorte les objets de son culte ; à leur histoire, qui n'était d'abord qu'une allégorie des faits naturels, il mêla des faits historiques défigurés, des souvenirs de guerre et de conquêtes, apportés par des traditions confuses. L'histoire des hommes se trouva ainsi confondue avec l'histoire allégorique de la nature. L'imagination des poëtes enrichit encore le domaine de la religion. Les fleurs, en particulier, exercèrent leur génie inventif, et ils rattachaient volontiers l'existence des plus belles plantes à l'aventure touchante de quelque nymphe métamorphosée pour avoir repoussé les poursuites d'un dieu.

L'allégorie a transformé en divinités ou en actions divines les découvertes des arts, et a jeté sur ces faits un voile qu'il est quelquefois difficile de soulever. Ainsi, pour ne prendre qu'un exemple, le grain de blé passe l'hiver sous la terre, et reparaît ensuite pour être moissonné. Que va devenir ce grain de blé livré à l'imagination des poëtes? Ils en feront une *fille de Cérès*, déesse de l'Agriculture, qui sera enlevée par *Pluton*, et dérobée à tous les yeux par le dieu qui règne dans les entrailles de la terre.

Ce n'est pas tout; on fut entraîné à faire l'apothéose ou déification des hommes qui s'étaient signalés par de grands exploits, par des services rendus à leurs semblables, et, pour les rapprocher davantage des autres dieux, on les fit naître de l'union des dieux avec de simples mortelles. Hercule, dieu de la Force, destructeur des monstres, est devenu fils de Jupiter et d'Alcmène.

On divinisa aussi les vertus, les vices et les remords, tous les sentiments, en un mot, qui entraînent la volonté de l'homme, qui règlent ou qui tourmentent son âme. Les remords devinrent des Furies armées de fouets vengeurs, dont elles frappent sans pitié les coupables. La Justice et la Vérité, qui n'ont pas d'existence corporelle, furent figurées par des personnages allégoriques revêtus d'attributs analogues à leur nature; et, après les avoir personnifiées, on leur éleva des autels et des temples.

C'est ainsi que se formèrent la plupart des fables de l'antiquité. Les matériaux de la mythologie sont empruntés : 1° à l'histoire du monde, à la création ; cette histoire s'appelle cosmogonie ; 2° à la théologie ou science des choses divines ; 3° à l'histoire de la nature, qui comprend l'astronomie, la météorologie, la physique, la botanique, etc. ; 4° à l'histoire réelle des hommes ; 5° à l'histoire de l'âme humaine, qu'on appelle psychologie ; 6° à la politique et à la morale. Le fond de ces fables, qu'on est tenté de prendre, au premier coup d'œil, pour de simples jeux d'imagination, est très-sérieux, puisqu'il est formé de science et d'histoire ; il ne faut donc pas se laisser aller sans réflexion au charme de ces fictions, mais pénétrer jusqu'aux vérités qu'elles déguisent.

SYMBOLES, ALLÉGORIES, EMBLÈMES.

Ces fictions sont la plupart du temps des *symboles* ou des *allégories*. On entend par *symboles* des personnages qui représentent, dans leur personne unique, un certain nombre de faits ou de personnages réels. Ces personnages symboliques ont une histoire, une famille, et tout ce qui appartient aux êtres vivants. Vulcain, par exemple, est le symbole du feu et de tous les faits qui s'y rapportent. Hercule est le symbole des hommes forts qui ont vaincu la nature et les monstres qui désolaient l'humanité. Les *allégories* ne représentent que des idées *abstraites*, c'est-à-dire dont l'objet n'existe pas matériellement. L'Innocence est un personnage allégorique, car il n'existe nulle part un être vivant qu'on appelle l'Innocence : la Fable ne donne à ces sortes de personnages ni histoire ni famille. Ces diviniés, soit symboliques, soit allégoriques, ont des attributs qui sont *emblématiques*. On entend par *emblème* une chose qui en représente une autre : le serpent est l'emblème de la prudence, le lis est l'emblème de la pureté, la colombe est l'emblème de la tendresse.

Comme ces trois mots, *symbole*, *allégorie*, *emblème*, se représenteront souvent, il est très-important d'en bien préciser le sens pour ne pas les confondre : tous les trois emportent l'idée de représentation ; mais le symbole est un personnage réel ou fabuleux, qui représente un ensemble de faits ou de personnages ; l'allégorie est un personnage fictif, qui représente une idée abstraite ; l'emblème est une chose réelle, qui représente une idée ou un sentiment. Les exemples qui précèdent suffisent pour que ces mots soient désormais bien compris.

DIVISION DE LA MYTHOLOGIE.

Pour étudier avec méthode l'histoire des dieux qu'adoraient les anciens, il convient de les classer d'après les lieux où leur empire est établi, et selon leur nature.

La première place appartient au Destin, que les idolâtres ont placé au-dessus de tous les dieux, et qui les régit par sa puissance aveugle et inflexible. Il faut raconter ensuite le débrouillement du Chaos, la naissance du monde et des dieux, et les premiers âges de l'humanité.

Nous placerons ensuite les dieux de l'Olympe ou du Ciel, et nous décrirons le séjour qu'ils occupent. Après les dieux de l'Olympe viendront ceux de la terre, et, plus tard, les divinités des enfers.

Nous nous occuperons ensuite des divinités allégoriques.

Nous terminerons par l'histoire des demi-dieux et des héros, qui sont placés entre les dieux et les hommes, et qui tiennent des uns et des autres par leur naissance et par leurs mœurs.

DU DESTIN.

La religion nous apprend qu'un Dieu tout-puissant gouverne le monde, et que sa volonté règle la destinée des nations et des hommes. Elle nous enseigne aussi qu'il n'est pas inflexible, que nous pouvons le toucher et attirer sur nous ses faveurs par nos prières. Les peuples qui avaient perdu la connaissance du vrai Dieu ne crurent pas cependant que le monde fût abandonné au hasard ou livré au caprice des dieux, pleins de vices et de passions, qu'ils adoraient dans

leur aveuglement; et, comme s'ils eussent conservé
une idée obscure de la Providence. ils placèrent au-

Fig. 1. — Le Destin.

dessus d'eux et des dieux mêmes une divinité toute-
puissante, mais aveugle et inflexible. Ils l'appelèrent
le Destin, et lui donnèrent pour père le Chaos et la

Nuit, anciens dieux antérieurs à la naissance de tous les autres.

Le Chaos et la Nuit sont les seuls dieux qui n'aient pas eu de commencement; mais ils ont eu une fin. Le Chaos périt par la création, et la Nuit par la lumière.

Tous les autres dieux ont eu un commencement, mais ils ne doivent pas mourir; on les disait immortels.

Le vrai Dieu n'a pas eu de commencement et n'aura pas de fin; il est éternel. Chez les anciens l'éternité n'appartenait à aucun des dieux, puisque le Chaos et la Nuit avaient cessé d'être, et que tous les autres dieux avaient commencé.

Le Destin commande à tous les dieux, et tient dans ses mains le sort de tous les mortels; ses décrets sont inscrits sur un livre d'airain, et nulle puissance ne saurait les effacer. On représente ce dieu sous la figure d'un vieillard aveugle, ayant sous ses pieds le globe de la terre, et tenant dans ses mains l'urne qui renferme le sort des humains. On lui donne une couronne surmontée d'étoiles pour indiquer que le Ciel même lui est soumis, et un sceptre de fer, emblème de sa toute-puissance et de son inflexibilité.

CRÉATION DU MONDE. — GÉNÉRATION DES DIEUX.

Voici comment Hésiode, l'un des plus anciens poëtes, raconte dans sa *Théogonie* l'origine du monde et la naissance des dieux.

Avant tout, dit-il, fut le Chaos; ensuite parurent la Terre, base éternelle de l'univers; le Tartare, abîme ténébreux de la terre, et l'Amour, le plus beau des immortels, tyran des dieux et des hommes.

La Terre produisit d'abord le Ciel ou Uranus, dont la voûte étoilée devait devenir le palais des dieux. Elle produisit les hautes montagnes, qui reçoivent les Nymphes dans leurs vallées tapissées de verdure. Elle enfanta encore, par sa seule vertu, la Mer, dont les abîmes sont immenses et les flots indomptables.

La Terre seule donna aussi naissance aux Cyclopes, Brontès, Stérope et Argès, prodiges de force et d'insolence. Ils forgèrent plus tard les foudres de Jupiter. Semblables d'ailleurs aux autres dieux, ils n'avaient qu'un œil qui s'ouvrait comme un large cercle au milieu de leur front.

La Terre, de son union avec le Ciel ou Uranus, eut l'Océan, Céus, Créus, Hypérion, Japet, Rhéa, Thémis, Mnémosyne, Phébé, Téthys, et enfin Cronos ou Saturne. Ce furent les Titans.

La Terre et le Ciel enfantèrent encore trois autres fils, Cottus, Briarée et Gyas. Ils avaient une fierté farouche et une stature colossale; sur leurs larges épaules s'élevaient cinquante têtes menaçantes, cent bras pendaient autour de leur corps endurci aux fatigues; ils étaient forts, violents, farouches, les plus féroces des enfants de la Terre et du Ciel.

Nous verrons dans l'histoire de Saturne comment les enfants du Ciel et de la Terre se comportèrent envers leur père.

PREMIERS AGES DU MONDE.

Avant le siècle de fer, avec lequel commence l'histoire de malheurs et des crimes de l'humanité, quatre races différentes avaient paru sur la terre.

Les dieux firent d'abord paraître la race d'or. Ces

hommes, gouvernés par Saturne, vivaient comme des dieux, exempts de guerres, de maladies et de crimes; la vieillesse n'altérait pas la vigueur de leur corps; ils se livraient à la joie des festins, mais sans intempérance. La mort était pour eux un doux sommeil, et la vie, la jouissance de tous les biens. Les richesses que la terre produisait sans culture étaient partagées également entre tous ses habitants.

Cette race privilégiée s'éteignit ; tous ceux qui la composaient descendirent dans le sein de la terre, et devinrent des génies protecteurs de l'humanité.

Les habitants de l'Olympe créèrent ensuite la race d'argent, bien inférieure à la précédente. L'enfance de ces nouveaux habitants de la terre durait cent ans. Les soins efféminés de leurs mères amollissaient leurs corps et leurs âmes, et, lorsqu'ils arrivaient à la virilité, ils se plongeaient dans les plaisirs. Ils oubliaient de servir les dieux et de les adorer. Jupiter les rappela dans le sein de la terre, et ils devinrent aussi des génies terrestres inférieurs à ceux de la race d'or.

Jupiter fit paraître ensuite la race d'airain. C'étaient des hommes violents, pleins de vigueur, toujours en guerre. Ils ne se nourrissaient point de blé. Ils avaient des cœurs de bronze, une fierté et une force indomptables. Les armes étaient d'airain, leurs maisons d'airain, tous leurs ouvrages d'airain. Victimes de leur propre violence, ils descendirent dans les enfers.

Lorsque cette race fut anéantie, Jupiter la remplaça par la race plus juste et plus vaillante des héros. La plupart périrent victimes de guerres sanglantes, les uns sous les murs de Thèbes, les autres au siége de Troie. Ils ne moururent pas tous; les plus illustres furent séparés du séjour des hommes, et relégués vers les extrémités de la terre, dans une contrée où règnent l'abondance et le bonheur.

L'âge de fer vint ensuite ; il succéda aux siècles héroïques, et n'a pas cessé de durer jusqu'à nos jours.

Ce récit renferme un enseignement profond. L'âge d'argent succédant à l'âge d'or nous montre que le bonheur sans mélange amène la mollesse et l'oubli de Dieu, et que la Providence a sagement mêlé dans la vie le plaisir et la douleur, pour que l'homme ne s'amollît pas dans les langueurs de la volupté.

L'âge des héros venant après la race d'airain nous enseigne que la férocité, en s'adoucissant, engendre l'héroïsme, c'est-à-dire la force de l'âme et du corps tempérée par l'humanité.

A cette antique et belle tradition, les poëtes postérieurs ont substitué la fable des quatre siècles successifs, d'or, d'argent, d'airain et de fer, qui exprime la décadence toujours croissante des générations humaines. Nous avons rétabli la tradition primitive dans sa noble simplicité.

Traçons cependant, d'après Ovide, le tableau de ces quatre âges. Le premier fut l'âge d'or, pendant lequel la vertu fut cultivée sans le secours des lois. Les hommes obéissaient librement à ses règles gravées dans leurs cœurs, et ne quittaient jamais les lieux qui les avaient vus naître. Toujours en paix, ils n'avaient ni villes fortifiées, ni armes de guerre ; et, comme la terre donnait d'elle-même des fruits abondants, ils ne cherchaient pas d'autre nourriture. Des ruisseaux de lait et de nectar leur fournissaient de délicieux breuvages. Le ciel était toujours pur, l'air embaumé du parfum des fleurs, et l'on ne connaissait pas d'autre saison que le printemps. Cet âge de bonheur et d'innocence dura aussi longtemps que le règne de Saturne. Sous Jupiter commença l'âge d'argent. Le printemps eut moins de durée et l'année se partagea en quatre saisons : pour la première fois la chaleur brûla la terre, qui fut aussi glacée par le froid. Les hommes bâtirent des cabanes et tirèrent de la terre, par leur travail, les dons de Cérès. Le siècle d'airain vit naître l'orgueil et la guerre sans enfanter le crime. Enfin l'âge de fer exila la pudeur et la justice ; tous les vices débordèrent avec toutes les passions, et la sévérité des lois eut à punir des crimes de tout genre. Une race d'hommes née du sang des géants, dont la terre fut arrosée, lorsque ces monstres furent vaincus par les dieux, mêla l'impiété à la corruption du genre humain.

ORIGINE DE L'HOMME.

Voici maintenant comment la Fable raconte l'origine de l'homme et de la femme. Japet, l'un des Titans, eut, de son union avec Clymène, une des filles de l'Océan, deux fils, Prométhée et Épiméthée, d'un caractère bien différent. Le nom du premier désigne la prévoyance, et celui du second la sagesse après coup. L'industrieux Prométhée forma l'homme du limon de la terre, mais ce n'était qu'une statue inanimée qui attendait le souffle de la vie. Minerve voulut aider Prométhée à achever son ouvrage ; elle le transporta donc dans le ciel, où il put reconnaître que tous les corps étaient animés par le feu. Il en prit donc une étincelle qu'il plaça dans une tige de férule dont la moelle se consume lentement, et qui lui permit de transporter sur la terre son précieux larcin. L'étincelle du feu céleste anima la statue d'argile, e

Prométhée fit entrer dans cette âme la timidité du lièvre, la finesse du renard, l'orgueil du paon, la férocité du tigre et la force du lion. C'est de là que sortit la race humaine. On voit dans ce récit la tradition altérée de la création de l'homme. Suivant les livres saints, Dieu façonna le corps de l'homme avec le limon de la terre, et il y souffla son esprit pour l'animer. Prométhée fit la même chose, en employant l'argile pour le corps, et le feu céleste pour l'âme; mais il y ajouta les divers instincts des animaux, de sorte qu'au lieu d'être fait à l'image de Dieu, l'homme de l'idolâtrie le fut à l'image des bêtes.

Prométhée expia son larcin par un supplice cruel; Jupiter le fit clouer et enchaîner sur le Caucase, et mit à ses côtés un vautour qui lui déchirait le foie, sans cesse renaissant pour de nouvelles douleurs. Ce supplice devait durer trente mille ans; mais après trente ans Hercule, de l'aveu de Jupiter, délivra l'illustre victime, qui reçut sur la terre les honneurs divins.

ORIGINE DE LA FEMME

Jupiter n'essaya point de détruire l'ouvrage de Prométhée; mais, pour balancer les avantages que l'homme devait retirer de l'usage du feu, il ordonna à Vulcain de former avec de l'argile le corps d'une jeune fille. Minerve rehaussa la beauté de cette vierge par une écharpe argentée, des guirlandes de fleurs et une couronne d'or qu'elle lui plaça sur la tête. Jupiter la conduisit dans l'assemblée des dieux, qui furent frappés d'étonnement à la vue de cette belle créature, et la comblèrent de dons. Vulcain l'envoya à Prométhée, avec une boîte renfermant tous les maux qui devaient se répandre sur la terre. Prométhée, soupçonnant le piége qu'on lui tendait, refusa de la recevoir ; mais l'imprudent Épiméthée s'empara de la boîte et l'ouvrit. Tous les maux qu'elle renfermait en sortirent aussitôt ; lorsque Épiméthée la referma, il ne restait au fond que l'espérance, seul bien qui soit demeuré aux mortels. Cette jeune vierge, que les dieux avaient nommée Pandore, devint l'épouse d'Épiméthée et la mère du genre humain.

« Telle fut, dit Hésiode, l'origine des femmes, sexe timide et funeste, fléau des mortels, compagnes fidèles dans l'opulence, inconstantes dans l'infortune. Elles ressemblent aux avides frelons, qui dévorent le miel des abeilles. Jupiter les a données à l'homme pour doubler le poids de ses fatigues. »

Malgré cet arrêt trop sévère, le poëte ajoute que la crainte de ce mal fait tomber dans un pire, et que les hommes qui évitent de se marier parcourent l'âpre sentier de la vieillesse sans l'appui d'une main tendre et amie. Il avoue, d'ailleurs, qu'on trouve des femmes d'un esprit sage et d'un cœur aimant. C'était l'exception chez les anciens ; aujourd'hui, c'est la règle.

Nous retrouvons encore dans cette fable le souvenir altéré de la formation et de la chute d'Ève, la mère du genre humain.

Tels sont les **faits généraux** que la mythologie raconte sur la création du monde et l'origine des dieux et des hommes. Il n'est pas facile de les concilier entre eux, mais il faut les connaître.

Questionnaire.

Qu'est-ce que la mythologie ? — Qu'est-ce que l'idolâtrie ? — Quelle est l'origine de la mythologie ? — Comment Dieu punit-il la dépravation des hommes ? — Le déluge empêcha-t-il le retour des mêmes désordres ? — Pourquoi les hommes remplacèrent-ils la

croyance du vrai Dieu par celle des faux dieux? — Lorsque les
hommes eurent perdu la connaissance du vrai Dieu, quel fut l'objet
de leur culte ? — Quelles créatures commencèrent-ils à adorer?
— Quelles sont les sciences qui ont fourni des matériaux à la mythologie? — Qu'entend-on par symbole ou personnages symboliques? — Qu'est-ce qu'un personnage allégorique ? — Qu'est-ce
qu'un emblème ? — Comment divise-t-on les dieux? — Les anciens n'ont-ils pas placé au-dessus de tous les dieux une divinité
aveugle et inflexible, et quel est le nom de cette divinité? — De
qui le Destin est-il né? — Quelle est la puissance du Destin ? —
Comment représente-on le Destin? — Qu'existait-il avant la naissance du monde? — Que produisit le débrouillement du Chaos?
— Que produisit la Terre? — Quel est le nombre, quels sont les
noms et les emplois des Cyclopes? — La Terre ne s'unit-elle pas
avec le Ciel? — Quels enfants naquirent de cette union? — Combien
de races se sont succédé sur la terre avant le siècle de fer? —
Comment finit la première race? — Quel fut le sort de la seconde
race? — Quelle est la troisième race? — Par qui furent rempla-
cés ces hommes cruels et violents qui formaient la troisième
race? — Que devinrent les héros? — Que signifie la succession de
ces quatre races? — Les poëtes n'ont-ils pas altéré cette tradition? — Comment la Fable raconte-t-elle l'origine de l'homme? —
Comment Prométhée ravit-il le feu céleste? — L'audace de Prométhée ne fut-elle pas punie? — Par qui Prométhée fut-il délivré? — Comment raconte-t-on l'origine de la femme? — Minerve
ne contribua-t-elle pas à achever l'ouvrage de Vulcain? — Quel
nom donna-t-on à la vierge ouvrage de Vulcain? — A qui Pandore
fut-elle envoyée? — Prométhée voulut-il la recevoir? — Que devint Pandore? — Que pensez-vous de cette tradition?

PREMIÈRE PARTIE

DIVINITÉS DU CIEL

1. SATURNE

HISTOIRE DE SATURNE.

Saturne, l'un des Titans, était fils du Ciel et de la Terre, que les Grecs appelaient *Uranus* et *Titéa*. Uranus dérobait tous ses enfants à la lumière, et les plongeait, à leur naissance, dans les profonds abîmes. La Terre gémissait de cette cruauté, et voulait délivrer ses enfants. Avec le fer qu'elle produisit, elle fabriqua une large faux et provoqua ses fils à se venger de leur père. Tous furent saisis de crainte à cette proposition. Seul, l'astucieux Saturne se chargea de cette vengeance. Armé de la faux qu'il tenait de sa mère, il attendit à l'écart le retour d'Uranus, et, lorsque celui-ci parut, il le frappa du tranchant de sa faux, et fit couler son sang, dont les gouttes tombèrent sur la la surface de la terre, et produisirent plus tard les Furies.

Saturne, auquel les Grecs avaient donné le nom de *Cronos*, après avoir dépossédé et mutilé son père, régna à sa place au préjudice de Titan, l'ainé de ses frères. Celui-ci céda aux prières de sa mère ; mais il fut convenu entre les deux frères qu'à la mort de Saturne, Titan reprendrait le trône. Saturne, pour assurer l'effet de cette convention, ne devait élever aucun enfant mâle. En conséquence, toutes les fois qu'il lui en naissait un, il le dévorait. Mais sa femme Rhéa ou Cybèle, fille aussi d'Uranus et de Titéa, en déroba plusieurs à sa voracité, en lui donnant chaque fois une pierre à avaler à la place. Elle fit élever secrètement tous ses enfants, parmi lesquels se trouvaient Jupiter, Neptune et Pluton, qui régnèrent plus tard, le premier sur le ciel, le second sur la mer et le troisième dans les enfers. Titan, instruit de cette supercherie, déclara la guerre à son frère, le vainquit et le renferma dans une étroite prison. Jupiter, encore enfant, délivra Saturne, et lui rendit son trône ; mais, comme celui-ci oubliait les bienfaits de son fils, Jupiter lui fit la guerre à son tour, et le chassa du ciel pour régner à sa place.

SÉJOUR DE SATURNE SUR LA TERRE.

Saturne, exilé, se réfugia en Italie, dans la province gouvernée par le roi Janus, et qui fut depuis appelée Latium. Il partagea le pouvoir avec Janus, et fit fleurir dans ses États l'abondance et la paix. Cette époque d'innocence et de bonheur est désignée sous le nom d'âge d'or. C'est un souvenir confus de la tradition du paradis terrestre, où nos premiers parents vécurent avant leur désobéissance aux ordres de Dieu. Janus, en récompense de sa généreuse hospitalité, reçut de Saturne le don de la sagesse ; il connaissait le passé et prévoyait l'avenir : de sorte que sa conduite était réglée par la prudence. Les Romains lui rendirent les honneurs divins ; ils le représentèrent avec deux visages : l'un tourné vers le passé et l'autre vers l avenir ; et Numa Pompilius, le second de leurs rois, lui éleva un temple dont les portes ne se fermaient que pendant la paix. On les ferma trois fois dans l'espace de sept siècles : la première fois sous Numa, la seconde après la deuxième guerre punique, et la troisième pendant le règne d'Auguste.

CULTE DE SATURNE.

On institua à Rome des fêtes en l'honneur de Saturne, et, de son nom, on les appela *Saturnales*. Pendant ces fêtes, dont notre carnaval est la suite et l'image, la liberté allait jusqu'à la licence ; les rangs étaient confondus et même intervertis, les esclaves pouvaient parler impunément, les maîtres prenaient leur place et les servaient à leur tour. C'était un souvenir de l'âge d'or, pendant lequel l'égalité avait régné sur la terre.

Saturne représente le temps. La plupart des faits que la Fable lui attribue sont allégoriques. Elle le dit fils du Ciel et de la Terre, parce que le temps a commencé lorsque le Ciel et la Terre furent sortis du chaos ou du néant. Le temps, c'est la durée mesurable ; et, pour mesurer la durée, il faut qu'il existe quelque chose. Le temps détruit ce qu'il a engendré, c'est pour cela qu'on dit de Saturne qu'il dévorait ses enfants. La retraite de Saturne auprès de Janus s'explique aussi facilement. Janus, qui connaissait le passé, et dont la prévoyance s'étendait sur l'avenir, avait associé le Temps à sa sagesse, et c'est par cette allégorie qu'on a pu dire qu'il avait donné asile à Saturne.

Ce dieu est ordinairement représenté sous la forme

d'un vieillard, parce que le Temps est ancien, les hommes, comme l'a dit un poëte, ne l'ont connu que vieux. Il est armé d'une faux, parce qu'il moissonne

Fig. 2. — Saturne.

tous les êtres. On lui attribue un sablier, qui servait chez les anciens à mesurer les heures, et des ailes, pour indiquer la rapidité de son passage.

Questionnaire.

De qui Saturne était-il fils? — Comment Uranus traitait-il ses enfants? — Comment furent-ils délivrés? — Que fit Saturne? — Où tomba le sang de la blessure d'Uranus? — Saturne ne régna-t-il pas au préjudice de Titan, son frère? — Que faisait-il de ses enfants? — Que fit Rhéa pour sauver Jupiter? — Saturne n'eut-il pas à combattre Titan, son frère? — Par qui fut-il rétabli? — Jupiter ne fit-il pas la guerre à son père? — Où Saturne se réfugia-t-il après sa défaite? — Comment représente-t-on Janus? — Comment nomme-t-on les fêtes de Saturne? — Que signifie l'histoire de Saturne? — Comment représente-t-on Saturne?

2. JUPITER

ENFANCE DE JUPITER.

Jupiter, le *Zeus* des Grecs, fils de Saturne et de Rhéa, avait pour aïeuls Uranus et Titéa. Les anciens l'adoraient comme le plus puissant des dieux, le maître du ciel et de la terre.

Nous savons déjà les circonstances de sa naissance. D'après la convention faite entre Saturne et Titan son frère, Jupiter aurait été dévoré comme les autres enfants mâles issus du mariage de Saturne et de Rhéa, si celle-ci n'eût trompé la voracité de son époux en lui faisant avaler une pierre à la place de son enfant. Jupiter, sauvé par cet artifice, fut élevé dans une grotte située en Crète, île de la Méditerranée. Pour que sa retraite ne fût pas trahie par ses vagissements et ses cris plaintifs, Rhéa, qu'on nomme aussi Cybèle, ordonna à ses prêtres de couvrir la voix de l'enfant par des cris qu'ils poussaient en dansant et par le bruit des tambours. Jupiter fut allaité par la chèvre Amal-thée et nourri par deux nymphes, Adrastée et Ida, qu'on appelle *Mélisses*, ce qui signifie mouches à miel. On voit par là que le miel et le lait furent la nourriture du fils de Saturne.

GUERRE DES GEANTS.

Jupiter, encore enfant, signala sa force en délivrant Saturne son père, que les Titans avaient vaincu et enchaîné ; et, peu de temps après, il détrôna son père lui-même pour le punir de son ingratitude. Lorsque Saturne eut été vaincu, Jupiter, devenu le maître du monde, en partagea l'empire avec ses deux frères, Neptune et Pluton ; il se réserva le ciel : Neptune régna sur les mers, et Pluton dans les enfers. Après ce partage, Jupiter eut bientôt à soutenir une guerre terrible contre les Géants, fils de la Terre, qu'il faut bien se garder de confondre avec les Titans qui avaient détrôné Saturne. Les Géants avaient une taille monstrueuse ; leur force était en rapport avec leur taille, et leur corps se terminait en une queue de serpent recouverte d'écailles impénétrables. Ces redoutables enfants de la Terre entreprirent d'assiéger Jupiter jusque dans le ciel. Pour y parvenir, ils entassèrent montagnes sur montagnes, Ossa sur Pélion. Jupiter, dans son effroi, appela à son aide tous les dieux et toutes les déesses. Le combat des dieux et des Géants fut long et terrible ; cependant les dieux étaient vainqueurs ; Porphyrion, Éphialte et Otus, le terrible Encelade, avaient tous succombé, et celui-ci, frappé de la foudre, avait été enseveli sous le mont Etna. Les tremblements de terre et les éruptions du volcan sont causés par les mouvements et la colère de ce Géant. Jupiter était vainqueur, lorsque la Terre, par un dernier effort, fit sortir de son sein le redoutable Typhon ou Typhée, qui devait venger la défaite de ses frères. Les dieux, épouvantés à la vue de ce nouvel ennemi, prirent la fuite et se réfugièrent en Égypte, où ils se métamorphosèrent en animaux pour échapper à la poursuite de Typhon. Cependant Jupiter fut pris et renfermé dans un antre, sous la garde d'un monstre moitié femme et moitié serpent. Mercure et Pan le délivrèrent, et le roi des dieux poursuivit Typhon, le foudroya et le précipita dans les gouffres du Tartare. Cette dernière victoire le rendit paisible possesseur du monde.

Il est facile de voir l'allégorie renfermée dans ce combat des Géants contre Jupiter. Jupiter est le dieu des régions supérieures de l'air, que les hautes montagnes semblent vouloir escalader. Lorsque la terre se forma, les montagnes sortirent de son sein, en s'élançant vers le ciel ; la foudre frappe souvent leur sommet, et semble repousser leurs menaces. L'imagination des anciens a poétisé cette guerre de la nature. Les montagnes sont devenues des Géants, fils de la Terre ; et l'éruption des volcans a été expliquée par la présence d'un géant qui s'agite et dont la poitrine vomit des flammes. Ce récit contient donc, sous forme poétique, une vérité de physique, et les anciens ne s'écartaient pas de la réalité en supposant que les montagnes étaient sorties du sein de la terre.

Typhon, le dernier et le plus terrible des fils de la Terre, représente la fureur des vents. C'est de lui que le fougueux Aquilon tire son origine, tandis que les vents favorables aux hommes, Borée, Notus et Zéphyre, sont issus des dieux immortels.

MARIAGES DE JUPITER.

La victoire de Jupiter sur les Géants assura son empire, et lui permit de régner en paix sur les dieux et sur les hommes.

Hésiode raconte que Jupiter, avant d'épouser Junon, eut successivement plusieurs femmes ; il ne faut pas nous effrayer de ce nombre, car nous verrons que ces mariages sont de simples allégories.

Il épousa d'abord Métis, qui surpassait en lumières les dieux et les hommes. Mais, craignant d'être vaincu par les enfants qui naîtraient de cette alliance, il renferma Métis dans ses propres entrailles, et il ne fit plus qu'un avec elle. Métis signifie la réflexion qui engendre la sagesse. Ce prétendu mariage veut dire que la puissance de Jupiter fit alliance avec la raison.

Sa seconde épouse fut Thémis, qui donna le jour aux Heures, à Eunomie, à la Paix et à la Justice.

Jupiter épousa ensuite Eurynome, la plus belle des filles de l'Océan, qui fut mère des trois Grâces : Aglaé, Euphrosyne et Thalie.

Cérès, sa quatrième femme, lui donna une fille nommée Proserpine.

La belle Mnémosyne, c'est-à-dire la déesse de la Mémoire, fut la mère des neuf Muses.

Enfin, Apollon et Diane, les plus beaux des immortels, naquirent de l'union de Jupiter et de Latone.

Junon, sœur de Jupiter, ne fut donc que la septième de ses femmes : Hébé, Mars, Vulcain et Ilithyie furent ses enfants.

Nous raconterons bientôt l'histoire de cette déesse, véritable épouse de Jupiter. Les autres alliances sont d'ingénieuses allégories dont le sens est facile à saisir: ainsi l'union de Jupiter, c'est-à-dire de la puissance souveraine, avec Thémis ou la Loi, produit Eunomie ou la bonne Législation, la Paix et la Justice.

COMPLOT DES DIEUX CONTRE JUPITER.

Jupiter et Junon ne vécurent pas longtemps en bonne intelligence. L'humeur jalouse et emportée de cette déesse troubla l'Olympe. Elle associa à ses ressentiments Neptune, Minerve et les autres dieux, qui résolurent de détrôner Jupiter et de l'enchaîner. Ils auraient exécuté leur dessein, si Thétis, l'une des nymphes de la mer, avertie du danger, n'eût amené au secours du roi des dieux le terrible Briarée, géant aux cent bras, fils invincible de la Terre. Celui-ci, éclatant de gloire, se plaça près du fils de Saturne, et les dieux, frappés de crainte, renoncèrent à leur entreprise. Jupiter châtia sévèrement son épouse rebelle; il la suspendit entre le ciel et la terre avec une chaîne d'or, et attacha une enclume à chacun de ses pieds. Vulcain, qui essaya de délivrer sa mère, fut précipité du ciel et tomba dans l'île de Lemnos.

CONSEIL ET COUR DE JUPITER.

Le conseil de Jupiter se composait de douze divinités. Jupiter le présidait. A côté de lui siégeait Junon, sa sœur et son épouse; Neptune, dieu des mers, Mercure, Apollon, Mars et Vulcain, Cérès, Minerve, Vesta, Diane et Vénus, complétaient cette auguste assemblée qui délibérait sur les destinées des mortels. Nous verrons dans la suite quelles étaient les attributions des dieux et des déesses que nous venons de nommer.

Les loisirs des dieux étaient remplis par la musique

et les festins. L'ambroisie, ou mets d'immortalité, était leur nourriture, et le nectar leur breuvage. Hébe, déesse de la Jeunesse, fille du Ciel et de la Terre,

Fig. 3. — Hébé.

suivant Hésiode, de Jupiter et de Junon, suivant Homère, versait le nectar dans la coupe des dieux ; elle fut privée de cet emploi pour s'être laissée choir en présence des dieux. Junon la chargea depuis d'atteler son char, et, lorsque Hercule fut admis au nombre des dieux, elle devint son épouse. Hébé fut remplacée dans ses fonctions d'échanson par Ganymède, fils de Tros, roi des Troyens, jeune homme d'une grande

Fig. 4. — Momus.

beauté, que Jupiter fit enlever au ciel par l'aigle qui portait sa foudre. Les dieux avaient encore, pour compléter leur cour et pour l'égayer, un dieu subalterne nommé Momus, dont les railleries n'épargnaient personne, pas même le maître des dieux ; il remplissait au ciel le rôle que les fous des rois ont joué à la cour des princes de l'Europe au moyen âge : il y faisait entrer la vérité sous le masque de la folie. On le représente avec un masque et une marotte. Les dieux, fatigués de ses sarcasmes, finirent par le chasser.

VOYAGES DE JUPITER SUR LA TERRE. — LYCAON.

Jupiter quitta plusieurs fois le ciel pour visiter la terre. La Fable raconte de lui beaucoup de voyages et de métamorphoses dont le récit viendra plus tard. Dans un de ces voyages, entrepris pour éprouver les mortels, et pour voir s'ils étaient fidèles à ses ordres, il descendit en Arcadie. Les bergers qui peuplaient cette contrée le reconnurent à la majesté de son visage ; mais Lycaon, leur roi, prince impie et cruel, doutant de la divinité du voyageur, voulut l'éprouver en lui servant les membres d'un enfant qu'il avait fait égorger et couper en morceaux. A peine ce mets affreux fut-il servi, que le palais de Lycaon s'écroula, et que ce prince farouche s'enfuit dans un bois voisin à travers les décombres, sous la forme d'un loup. Les anciens ont peut-être imaginé cette fable pour expliquer l'existence et la férocité des loups, si nombreux et si redoutables dans les forêts de la Grèce.

PHILÉMON ET BAUCIS.

On raconte que Jupiter et Mercure, parcourant la Phrygie sous une forme humaine, furent partout insultés et repoussés par les habitants de cette contrée. L'hospitalité leur fut accordée seulement dans une humble chaumière, habitée par deux vieillards soumis au culte des dieux ; c'étaient Philémon et Baucis, sa femme. Ils s'empressèrent d'offrir aux deux étrangers un repas frugal que Baucis apprêta de ses mains. Écoutons la Fontaine, qui a raconté cette histoire d'après Ovide :

> Les divins voyageurs, altérés de leur course,
> Mêlaient au vin grossier le cristal d'une source.
> Plus le vase versait, moins il s'allait vidant.
> Philémon reconnut ce miracle évident;
> Baucis n'en fit pas moins, tous deux s'agenouillèrent ;
> A ce signe d'abord leurs yeux se dessillèrent.

Jupiter et Mercure, résolus de châtier cette contrée inhospitalière, firent sortir avec eux Philémon et Baucis ; et, lorsqu'ils furent arrivés sur une hauteur voisine, une tempête déchaînée par le maître des dieux submergea le pays et noya tous les habitants. Mais, au milieu de ce désastre, la chaumière des deux vieillards se changeait en un temple magnifique :

> Cependant l'humble toit devient temple, et ses murs
> Changent leur frêle enduit aux marbres les plus durs.
> De pilastres massifs les cloisons revêtues
> En moins de deux instants s'élèvent jusqu'aux nues ;
> Le chaume devient or.....

Philémon et Baucis, frappés d'admiration et de reconnaissance, demandèrent à devenir les prêtres de ce temple ; leur vœu fut exaucé. Ils désirèrent encore de n'être jamais séparés, même par la mort ; Jupiter fut également favorable à cette nouvelle prière, et, lorsque le temps de quitter la vie fut arrivé pour eux :

> Même instant, même sort à leur fin les entraîne ;
> Baucis devient tilleul, Philémon devient chêne.

DÉLUGE DE DEUCALION.

Pendant ce séjour au milieu des hommes, Jupiter avait vu partout la corruption et le brigandage ; l'impiété de Lycaon en donne la mesure ; il résolut donc d'anéantir les hommes, en exceptant toutefois Deucalion et Pyrrha sa femme, sages vieillards qui régnaient sur la Thessalie.

Aussitôt tous les éléments se déchaînent sur la terre ; les vents soufflent avec violence, le tonnerre éclate, et des torrents de pluie inondent les plaines. Les hommes, effrayés, s'enfuient vainement sur les hauteurs. L'eau les poursuit et les atteint ; tous périssent. Deucalion et Pyrrha sont témoins de ce désastre dans une barque que les flots ballottent longtemps sans la submerger, et qui s'arrête enfin sur la cime du mont Parnasse, en Phocide. Lorsque les eaux se furent retirées, les deux époux s'acheminèrent pieusement vers le temple de Delphes pour y consulter l'oracle d'Apollon : « Sortez du temple, s'écrie le dieu, et, la tête couverte d'un voile, jetez derrière vous les os de votre aïeule ; vous repeuplerez ainsi la terre. » Deucalion et sa femme, comprenant le sens de l'oracle, prirent des pierres, qui sont les ossements de la Terre, aïeule du genre humain, et ces pierres se transformèrent en êtres vivants. Celles que jetait Deucalion produisirent des hommes, et celles que lança Pyrrha, des femmes. Cette race nouvelle se ressentit de sa dure origine. Cet événement s'appelle le *Déluge de Deucalion*. Nous n'avons pas besoin de faire remarquer que ce fait n'est qu'une tradition défigurée du déluge universel raconté par Moïse.

CULTE DE JUPITER.

Nous retrouverons souvent Jupiter dans la suite de

Fig. 5. — Jupiter.

cette histoire ; mais, avant d'arriver aux autres dieux,
nous devons dire quelque chose du culte que les

hommes lui rendaient et de la manière dont ils le représentaient.

Le culte de Jupiter surpassait en magnificence celui des autres dieux : il avait partout des temples et des autels sur lesquels on sacrifiait des chèvres, des brebis et de blanches génisses. Jamais le sang humain n'y coula comme sur ceux de Saturne ou de Diane. Le chêne lui était consacré, et le dieu rendait des oracles par la voix des chênes dans la forêt de Dodone.

Jupiter était, dans la religion des Grecs et des Romains, le dieu suprême ; sa puissance était supérieure à celle de tous les autres dieux. Le mouvement de sa tête faisait trembler l'Olympe et la terre entière ; il représentait l'Éther, ou l'air pur des hautes régions de l'atmosphère. C'est pour cela que les anciens l'ont armé de la foudre qui se forme à ses pieds dans la région des nuages, et qu'ils ont imaginé la fable de la guerre des Géants ou des montagnes que le tonnerre frappe si souvent.

On figure ordinairement Jupiter assis sur un trône d'or ou d'ivoire, tenant d'une main la foudre, signe de la puissance qui frappe, et de l'autre un sceptre, emblème de la force qui gouverne. L'aigle est à ses pieds, les ailes déployées. Il est nu depuis la tête jusqu'à la ceinture, et le reste de son corps est recouvert d'un manteau aux plis majestueux. Les sculpteurs, les peintres et les poëtes de l'antiquité ont épuisé toutes les ressources de l'art pour le peindre dans toute sa majesté. Homère, le prince des poëtes, et Phidias, sculpteur grec, se sont surpassés dans cette représentation.

Questionnaire.

De qui Jupiter était-il fils? — Saturne ne voulut-il pas le dévorer à sa naissance? — Comment Jupiter fut-il sauvé? — Où Jupiter fut-il élevé? — Quelles furent les nourrices de Jupiter? —
Quel fut le premier exploit de Jupiter? — Que fit-il ensuite? —
Comment partagea-t-il l'empire avec ses frères? — N'eut-il pas une
guerre terrible à soutenir contre les Géants? — Que signifie cette
guerre? — Jupiter eut-il plusieurs femmes? — Ces mariages sont-
ils réels? — Jupiter et Junon vécurent-ils en bonne intelligence?
-- Junon ne conspira-t-elle pas contre Jupiter? et quelle fut l'issue
de ce complot? — Quel fut le châtiment de Junon? — Vulcain
n'essaya-t-il pas de tuer sa mère? — Quels étaient les membres
du conseil de Jupiter? — N'y avait-il pas à la cour des dieux une
autre divinité? — Jupiter ne voyagea-t-il pas sur la terre? — Quel
fut le châtiment de Lycaon? — Racontez l'histoire de Philémon et
de Baucis. — Quelle résolution prit Jupiter en voyant la corruption
des hommes? — N'épargna-t-il pas deux vieillards? — Que firent
Deucalion et Pyrrha après le déluge? -- Quel était le culte de Jupiter? — Que sacrifiait-on sur ses autels? — Quel arbre lui était
consacré? — Comment représente-t-on Jupiter?

---

3. JUNON.

MARIAGE DE JUNON.

Junon, *Héra* chez les Grecs, fille de Saturne et de
Rhée, sœur de Jupiter, fut la principale épouse de ce
dieu; elle aurait voulu être la seule; mais Jupiter,
usant de son privilége comme roi des dieux et des
hommes, prit pour femmes plusieurs déesses et un
grand nombre de simples mortelles. Junon se montra
jalouse de ce partage; elle tourmenta son époux par
des plaintes sans cesse renouvelées, et persécuta
cruellement la plupart de ses rivales. Son humeur
vindicative mit souvent le trouble dans l'Olympe et
sur la terre.

Les noces de cette déesse furent célébrées avec ma

gnificence : tous les dieux du ciel et de la terre s'y rendirent avec empressement; une seule nymphe nommée Chélonée y manqua, et fut changée en tortue, pour châtier sa mauvaise volonté et sa lenteur.

JALOUSIE ET VENGEANCE DE JUNON.

Junon joignait à la jalousie un esprit orgueilleux et vindicatif, et son histoire n'est guère que le récit de ses ressentiments et de ses vengeances.

Lorsque Jupiter eut tiré de son cerveau Minerve, déesse de la sagesse, Junon, de son côté, donna naissance à Vulcain, d'autres disent à Mars, dieu de la guerre.

Nous verrons plus tard avec quel acharnement elle poursuivit Latone, qui devait être mère d'Apollon et de Diane, ainsi qu'Hercule, fils de Jupiter et d'Alcmène.

Nous savons déjà que, pour se venger de ces affronts, elle souleva les dieux contre son époux, et tenta de mettre la guerre civile dans le ciel; nous savons aussi quel châtiment lui fut infligé.

La déesse, dans son ressentiment, résolut enfin de quitter le ciel : elle se retira dans l'île d'Eubée, en faisant le serment de ne jamais revoir le dieu qui l'avait outragée. Jupiter la ramena par un stratagème que lui suggéra un roi béotien nommé Cithéron; il feignit qu'il allait épouser la belle Platée, jeune nymphe, fille du fleuve Asope; à cette nouvelle Junon sort de sa retraite, et une réconciliation momentanée la ramène dans l'Olympe. Cependant la paix ne fut jamais sincère dans le ménage du roi des dieux.

Comptons maintenant les principales victimes de la colère de Junon. Cette déesse n'entendait pas raillerie

sur sa beauté. La reine des Pygmées, Pigas, ayant
osé se dire plus belle que la reine des dieux, fut changée en grue ; les filles de Prœtus, en punition de la
même audace, furent métamorphosées en génisses
furieuses. Le berger Pâris, fils de Priam, roi des

Fig. 6. — Junon.

Troyens, fut persécuté pendant toute sa vie, lui et
les siens, pour avoir donné à Vénus le prix de la
beauté, que lui disputaient Junon et Minerve. Ce ressentiment fut la cause de la ruine de Troie.

La nymphe Écho fut punie d'avoir trompé Junon,
sa maîtresse, en lui cachant les amours de Jupiter, et
condamnée à ne plus répéter que la dernière syllabe

des mots qu'elle entendait. Ce ne fut pas le terme de
ses malheurs : reléguée sur la terre, elle eut d'abord
à éviter les poursuites du dieu Pan ; plus tard, elle
s'éprit de Narcisse, jeune berger qui se consumait
d'amour de lui-même en contemplant son image dans
le cristal d'une fontaine. Cet insensé fut métamor-
phosé en la fleur qui porte son nom et dont la couleur jaune est un emblème de deuil. La malheureuse
Écho, depuis ce temps, ne cesse de gémir.

> Écho n'est plus un son qui dans l'air retentisse ,
> C'est une nymphe en pleurs qui se plaint de Narcisse.
> BOILEAU.

Jupiter, voulant soustraire Io, fille d'Inachus, roi
d'Argos, à la vue de Junon, la métamorphosa en gé-
nisse ; mais la chose fut découverte. Io fut livrée à
Junon, qui la fit surveiller par un gardien à cent yeux,
Argus, prince argien, de la race d'Inachus, dont les
cent yeux figurent le ciel étoilé. Mercure parvint à
l'endormir, et le tua pendant son sommeil. Junon le
métamorphosa en paon, et cet oiseau, dont la queue
est semée des yeux d'Argus, fut consacré à la déesse.
Poursuivie par un taon que Junon avait lancé contre
elle, Io erra dans diverses contrées de l'Europe et de
l'Asie ; mais, arrivée en Égypte, elle reprit sa première forme. Après sa mort, elle fut, disaient les Grecs,
honorée des Égyptiens sous le nom d'Isis.

CULTE ET ATTRIBUTS DE JUNON.

Junon représente l'air grossier ou l'atmosphère terrestre ; c'est pour cela qu'on l'a mariée à l'air pur,
l'Éther ou Jupiter ; et, comme les agitations de cette
atmosphère troublent la paix de l'air supérieur, on a

dit que Jupiter et Junon faisaient mauvais ménage.
Comme femme du roi des dieux, elle était la protectrice des royaumes et des empires. Ses villes de prédilection étaient Samos, Argos et Carthage. Son culte
était répandu partout. Elle présidait aux mariages, à
la naissance, et elle prenait alors le nom de Lucine.

On la figure assise sur un trône, un diadème sur la
tête, à la main un sceptre d'or. Quelquefois elle traverse les airs sur un char traîné par des paons. Iris,
ou l'Arc-en-ciel, est sa messagère.

Questionnaire.

De qui Junon était-elle fille? — Qui épousa-t-elle? — Que se
passa-t-il de remarquable à ses noces? — Quel était le caractère
de Junon? — Par quel artifice Jupiter la ramena-t-il dans l'Olympe?
— Quelles furent les principales victimes des ressentiments de
Junon? — Que représente Junon? — Quelles étaient ses villes de
prédilection? — Comment la représente-t-on? — Quel oiseau lui
était consacré? — Quelle était sa messagère?

---

4. APOLLON. — LES MUSES.

NAISSANCE D'APOLLON.

Latone, fille de Céus, un des Titans, et de Phébé, sa
sœur, devait être mère d'Apollon et de Diane. Dès lors
elle fut en butte aux persécutions de Junon, qui fit
promettre à la Terre de ne lui donner aucun asile :
mais Neptune, touché de compassion, fit sortir des
flots l'île de Délos, où Latone se réfugia sous la
forme d'un oiseau, et donna le jour à Apollon et à
Diane. Junon avait suscité contre elle le serpent
Python, qui la persécuta longtemps. Apollon, encore

enfant, s'arma de flèches, et tua le monstre. Cette victoire lu fit donner le nom de Pythien.

D'autres font naître le serpent Python du limon de la terre, après le déluge de Deucalion. Apollon l'aurait alors tué dans la force de l'âge, non pour venger sa mère, mais pour délivrer la terre. Quoi qu'il en soit, le monstre succomba sous ses coups, et le triomphe du dieu fit instituer les Jeux Pythiques, qui se célébraient à Delphes tous les quatre ans. On voit dans la victoire d'Apollon sur le serpent l'heureuse influence du soleil qui dessèche les marais et assainit la terre.

Apollon, qu'on appelle aussi Phébus, était le plus beau des immortels ; il fut le dieu du jour et de la poésie. C'est lui qui conduisait le char du Soleil, attelé de quatre chevaux, Pyroüs, Eoüs, Éthon et Phlégon, dont il réglait les mouvements et l'ardeur impétueuse. C'est lui qui préside l'assemblée des Muses et qui les inspire ; les poëtes sont ses enfants, et c'est de lui qu'ils tiennent l'enthousiasme qui échauffe leur génie.

DISGRACES D'APOLLON.

Ce dieu fut éprouvé par de cruelles disgrâces. Un de ses fils, le jeune Phaéthon, qu'il avait eu de Clymène, une des Océanides, piqué de voir son origine contestée par Épaphus, arriva un jour auprès de lui tout baigné de larmes. Apollon jura imprudemment par *le Styx* qu'il était disposé à tout faire pour le consoler. Phaéthon lui demanda de lui céder pour un seul jour la conduite de son char. Apollon, lié par son serment, y consentit, mais l'inexpérience de ce nouveau guide détourna le char de sa route accoutumée,

et embrasa la terre. Jupiter le foudroya et le précipita dans l'Éridan, fleuve d'Italie. Cette légende est
l'image poétique d'une grande sécheresse.

Ce ne fut pas la seule douleur qui affligea le cœur
paternel d'Apollon. Esculape, qu'il avait eu de la
nymphe Coronis, et auquel il avait enseigné l'art de
la médecine, fut aussi foudroyé par Jupiter pour avoir
rendu la vie à Glaucus, fils de Minos, et à Hippolyte,
fils de Thésée. Apollon, dans son désespoir, se vengea
sur les Cyclopes qui avaient fabriqué la foudre ; mais,
sur les plaintes de Vulcain, qui regrettait les compagnons de ses travaux, le dieu fut chassé du ciel.

SÉJOUR D'APOLLON SUR LA TERRE.

Pendant son exil sur la terre, Apollon fut réduit à
garder les troupeaux d'Admète, roi de Thessalie. Il se
consolait de ses malheurs en tirant de la flûte des
sons harmonieux. Mercure mit le comble à sa disgrâce en lui dérobant son arc et son troupeau. Sa
flûte seule lui resta. Le dieu Pan et le satyre Marsyas
osèrent le défier. Le premier combat eut lieu dans la
Phrygie, et le roi Midas, dont l'oreille était peu mu-
sicale, donna la préférence au dieu Pan. Apollon,
pour se venger de cet arrêt, allongea aussitôt les coupables oreilles de ce prince, qui cacha cet ornement
nouveau sous une tiare de pourpre. Toutefois, il fut
obligé de mettre son barbier dans le secret. Le barbier promit de se taire ; mais pour se soulager, sans
parjure, d'un fardeau trop pesant, il creusa la terre et
lui confia le secret qui l'oppressait ; puis il combla le
trou dépositaire de sa confidence. Des roseaux sortirent de la terre fraîchement remuée et trahirent l'in-

fortune de Midas, en répétant les mots sortis de la
bouche du barbier :

Midas, le roi Midas, a des oreilles d'âne.

Apollon tira du satyre Marsyas une plus terrible vengeance. Après l'avoir vaincu en présence
des hommes et des Muses, il lui fit lier les mains
derrière le dos, l'attacha à un arbre et l'écorcha tout
vif.

Apollon, dépouillé par Mercure, mal jugé par Midas,
et défié par Marsyas, est le symbole des poëtes sur la
terre. La ruse, le mauvais goût et l'envie s'acharnent
contre eux : l'une les réduit à la misère, l'autre mé-
connaît leur génie, et celle-ci leur dispute la gloire.
Mercure, dieu des voleurs, triomphe impunément du
poëte qui se résigne à la misère; mais celui-ci se
venge du mauvais goût par le ridicule, et de l'envie
par la colère. La punition du critique ignorant, de
Midas, est juste, mais celle du poëte médiocre pourra
paraître un peu sévère, quoique, à vrai dire, il n'y ait
rien d'insipide comme les mauvais vers.

Ce ne fut pas le terme des misères d'Apollon : forcé
de travailler de ses mains pour vivre, il offrit ses
services à Laomédon, roi des Troyens, pour rebâ-
tir les murailles de Troie : il y travailla avec Neptune, et, lorsque l'ouvrage fut mis à fin, il ne fut pas
payé.

Achevons rapidement le récit des aventures d'A-
pollon sur la terre, jusqu'au moment où il fut rappelé
dans l'Olympe par Jupiter. Clytie, fille de l'Océan et
de Téthys, mourut de douleur de se voir abandonnée
par lui, et il la transforma en héliotrope ou tournesol.
Il poursuivait Daphné, qui se réfugia dans les bras du

fleuve Pénée, son père, et fut changée en laurier.
Dans toutes ces poursuites, on s'accorde aujourd'hui
à voir des images du soleil qui succède à l'aurore et
la dissipe en la frappant de ses rayons.

Fig. 7. — Apollon.

Le jeune Hyacinthe jouait au disque avec Apollon ;
celui-ci le tua par mégarde d'un coup de son palet : le
dieu le fit revivre dans la fleur qui porte son nom.
Cyparisse, jeune homme de Cléos, se donna la mort,
désespéré d'avoir tué à la chasse un jeune cerf qu'il
avait apprivoisé ; Apollon le changea en cyprès.

ATTRIBUTS D'APOLLON.

Les peintres, les poëtes et les sculpteurs ont souvent représenté Apollon. Homère le décrit ainsi dans le premier chant de l'*Iliade :* « Soudain, le cœur enflammé de colère, cette divinité s'élance des sommets de l'Olympe, portant sur son dos l'arc et le riche carquois. Dans sa course impétueuse, les dards ont retenti sur les épaules du dieu courroucé. Il s'avance semblable à la nuit ; l'arc d'argent frémit avec un bruit terrible. » Le souvenir de sa victoire sur le serpent Python a inspiré un des chefs-d'œuvre de la sculpture antique connu sous le nom de l'Apollon du Belvédère.

Il ne faut pas confondre Apollon avec le Soleil lui-même : il n'en est que le dieu conducteur. Le Soleil était l'un des Titans, et les anciens lui donnent le nom d'Hypérion. On le représentait aussi comme le char d'Apollon. Comme dieu du Soleil, Apollon prenait le nom de Phébus, et on le représente sur un char brillant attelé de quatre chevaux ; comme dieu des beaux-arts, on le peint sous la forme d'un jeune homme d'une éclatante beauté, la tête ceinte d'une couronne de laurier et la lyre à la main.

LES MUSES.

Les Muses, filles de Jupiter et de Mnémosyne, c'est-à-dire de l'intelligence et de la mémoire, et compagnes d'Apollon, sont au nombre de neuf. Clio est la muse de l'histoire, Euterpe préside à la musique, Thalie à la comédie, Melpomène à la tragédie, Terpsichore règle la danse, Érato inspire les poésies d'amour, Polymnie l'ode religieuse et l'éloquence,

Calliope l'épopée, enfin Uranie a pour domaine l'astronomie.

Les Muses habitaient tantôt l'Olympe et la Piérie qui en occupe le pied, tantôt l'Hélicon en Béotie dans le pays d'Ascra, tantôt le Parnasse, montagne de la Phocide, remarquable par son double sommet : la fontaine d'Hippocrène, dont les eaux inspirent les poëtes, leur était consacrée. Cette fontaine avait jailli sous un coup de pied du cheval Pégase, né du sang de Méduse. Ce coursier des Muses avait des ailes au dos. C'est la monture sur laquelle les poëtes prétendent s'élever jusqu'au ciel.

Ovide raconte que ces vierges immortelles, allant prendre possession du Parnasse, acceptèrent l'hospitalité de Pyrénée, prince barbare, qui avait envahi la Phocide et la Daulide, avec une armée de soldats thraces. Elles ne tardèrent pas à comprendre les desseins de cet hôte perfide ; mais Apollon leur donna des ailes pour s'enfuir. Pyrénée, voulant les suivre à travers les airs, tomba du haut de la tour d'où elles avaient pris leur essor, et se brisa la tête sur la terre qu'il teignit de son sang. Cette aventure exprime l'indépendance et la dignité des Muses qui fuient loin des tyrans et des barbares, race indigne d'entendre leurs divines chansons.

Voici un autre trait dont le sens n'est pas impénétrable. Les filles de Piérus, roi de Thessalie, au nombre de neuf, comme les Muses, provoquèrent celles-ci aux combats de la poésie : on les avait beaucoup applaudies dans les villes de la Thessalie et de l'Achaïe, et ces succès leur avaient enflé le cœur et troublé la raison. Ce défi téméraire leur devint funeste ; dans le temple des Muses, leurs vers et leur musique trouvè-

rent des juges sévères et des rivales facilement victorieuses. Après cette épreuve, il n'y avait rien de
mieux que de les changer en pies ; ce qui fut fait. On
voit ce que signifie le babil de ces oiseaux. Dirons-nous
que les premiers succès des Piérides dans les domai-

Fig. 8. — Clio.

nes paternels et devant des juges complaisants sont
l'image de ces illusions de famille qui portent quelquefois les jeunes filles à se croire de véritables Muses?

Les Muses elles-mêmes portent quelquefois ce nom
de Piérides, du mont Piérus, où elles avaient un temple.

Les Muses étaient représentées avec les attributs
des arts auxquels elles président.

Clio (qui veut dire en grec « la renommée »), muse
de l'histoire, est figurée tantôt avec un rouleau écrit
dans une main, et dans l'autre la cithare qu'elle inventa, tantôt tenant un livre à la main et dans une
attitude récitante.

Fig. 9. — Euterpe.

Euterpe (« celle qui charme »), muse de la musique
et des chants lyriques, porte aux mains la double
flûte des anciens.

Thalie (« la festoyante »), muse de la comédie, a
tantôt le costume d'une bacchante, car c'est aux fêtes

de Bacchus que la comédie prit naissance, et tantôt
elle tient simplement un rouleau d'une main et de
l'autre le masque de théâtre.

Fig. 10. — Thalie.　　Fig. 11. — Melpomène.

Melpomène (« la chantante »), muse de la tragédie
et des chants lugubres, porte aussi le masque théâtral,
et souvent on lui met le poignard à la main et le cothurne aux pieds.

Terpsichore (« celle qui charme les chœurs de
danse »), muse de la danse, tient à la main une
lyre.

Erato (« l'amoureuse »), muse des chants d'amour,
tient aussi le même instrument, qu'elle passait pour

Fig. 12. — Terpsychore.   Fig. 13. — Érato.

avoir inventé ; mais d'autres en attribuaient l'invention à Mercure enfant.

Polymnie ou Polyhymnie (« la muse aux hymnes nombreux »), muse des hymnes religieux, a l'aspect sérieux et pensif. Elle tient une lyre et s'appuie sur un autel.

Uranie (« la céleste »), muse de l'astronomie, sou-

vent couronnée d'étoiles, est caractérisée par un
globe vers lequel elle dirige une baguette.

Fig. 14. — Polymnie.   Fig. 15. — Uranie.

Calliope (« la belle voix » ou « la belle parole »),
muse de l'épopée, tient d'une main des tablettes et de
l'autre un stylet pour écrire.

Au pied du mont Parnasse, séjour des Muses, et
dans la ville de Delphes, que les Grecs croyaient située
au point central de la surface de la terre, s'élevait un
temple fameux consacré à Apollon, où le dieu rendait
des oracles par la bouche de sa prêtresse qu'on appe-

lait la Pythie ou Pythonisse. La Pythie s'asseyait sur
un trépied, placé au-dessus d'une ouverture de la
terre, d'où s'élevaient des vapeurs qui, montant à son
cerveau, lui inspiraient une fureur prophétique. Elle

Fig, 16. — Calliope.

souffrait d'atroces douleurs, des mots mal articulés
sortaient de sa bouche écumante ; les prêtres du
temple les recueillaient, leur donnaient la forme de
vers, et les livraient ainsi à la curiosité de ceux qui
étaient venus consulter la prêtresse. Ces tourments
de l'inspiration prophétique ont été décrits par un de
nos poëtes (J.-B. Rousseau) dans ces beaux vers :

> Ou tel que d'Apollon le ministre terrible,
> Impatient du dieu dont le souffle invincible
> Agite tous ses sens,
> Le regard furieux, la tête échevelée,
> Du temple fait mugir la demeure ébranlée
> Par ses cris impuissants.

Les Grecs ne se décidaient jamais dans les affaires importantes sans avoir consulté l'oracle de Delphes, et laissaient toujours dans le temple de riches présents, gages de leur piété et de leur reconnaissance.

Questionnaire.

De qui Apollon était-il fils? — Où naquit Apollon ? — Quel fut le premier exploit d'Apollon? — Quels étaient les attributs d'Apollon ? — Racontez l'histoire de Phaéthon. — Apollon n'éprouva-t il pas une autre douleur? — Comment Apollon se vengea-t-il et comment fut-il puni ? — Quel fut le sort d'Apollon sur la terre? — Ne fut-il pas défié par le dieu Pan? — Quelle fut la punition de Midas? — Comment Apollon se vengea-t-il du satyre Marsyas? — Apollon ne fut-il pas trompé par Laomédon, roi des Troyens? — Quelles furent les autres aventures d'Apollon sur la terre? — Apollon n'avait-il pas un temple au pied du mont Parnasse? — Faut-il confondre Apollon avec le soleil ? — Comment représente-t-on Apollon ? — De qui les Muses sont-elles filles ? — Quels sont leurs noms?— Quel est le séjour des Muses? — Comment nomme-t-on la fontaine qui leur est consacrée ? — Qu'est-ce que le cheval Pégase ? — Comment les Muses échappèrent-elles à Pyrénée ? — Comment punirent-elles les filles de Piérus ?

---

5. DIANE. — CONSTELLATIONS.

NAISSANCE ET ATTRIBUTS DE DIANE.

Diane, sœur d'Apollon, fille de Jupiter et de Latone, témoin de la triste destinée de sa mère, fit vœu de virginité. Son père lui donna un nombreux cortége de nymphes, avec lesquelles elle se livra au plaisir de la chasse.

Cette déesse a trois fonctions distinctes, trois séjours et trois noms différents : elle est tout ensemble déesse du ciel, de la terre et des enfers. Au ciel on la nomme Phébé [1], et elle conduit le char de la lune ; sur la terre on l'appelle Diane, et elle préside à la chasse ; aux enfers on la nomme Hécate, et on la confond quelquefois avec Proserpine, épouse de Pluton.

Le cœur farouche de cette déesse s'attendrit, dit-on, pour le berger Endymion, qu'elle visitait dans la grotte de Latmos, pour le dieu Pan et pour le géant Orion.

VENGEANCES DE DIANE.

Le chasseur Actéon, petit-fils de Cadmus, roi de Thèbes, qui, par mégarde, la surprit au bain avec ses nymphes, fut changé en cerf et déchiré par ses chiens. Le caractère vindicatif de Diane éclata contre Niobé qui, fière de sa belle et nombreuse famille, avait osé se préférer à Latone. Tous ses enfants tombèrent sous les flèches de Diane et d'Apollon. Elle vengea ses propres injures contre la nymphe Chioné et contre Laodamie, fille de Bellérophon, qui s'étaient vantées de la surpasser en beauté ; elle leur perça la langue à toutes deux. Indignée contre OEnée, roi de Calydon, qui l'avait oubliée dans ses sacrifices aux dieux, elle déchaîna un sanglier terrible qui dévasta les campagnes de l'Étolie [2].

---

1. Il faut distinguer Diane de l'ancienne Phébé de la race des Titans.

2. Ce sanglier fut l'occasion d'une chasse célèbre. Ce monstre, blessé par Atalante, princesse d'Arcadie, fut tué par Méléagre, fils d'OEnée. Ce jeune héros offrit la dépouille du sanglier à Atalante qu'il était sur le point d'é-

Diane était regardée comme la déesse de la chasteté. Les nymphes de sa suite devaient imiter son exemple, et les fautes, même involontaires, étaient punies avec une extrême sévérité.

CULTE, TEMPLES ET IMAGES DE DIANE.

Le culte de cette déesse était en rapport avec son caractère intraitable ; on lui immolait souvent des victimes humaines. Dans l'un de ses temples élevé sur les côtes de la Chersonèse Taurique (la Crimée), les étrangers que la tempête jetait sur le rivage étaient immolés sans pitié.

Le temple d'Éphèse, qui lui était consacré, était un des chefs-d'œuvre de l'architecture antique et l'une des sept merveilles du monde [1]. Il fut brûlé par un fou nommé Érostrate, qui voulut faire passer ainsi son nom à la postérité ; cet incendie eut lieu le jour même de la naissance d'Alexandre le Grand.

On célébrait en différents endroits de la Grèce, et notamment à Délos, des fêtes en l'honneur de Diane ; on les nommait Artémisies, d'*Artémis*, nom que les Grecs donnaient à cette déesse.

Comme déesse de la chasse, on la représente ordi-

---

pouser. Cet hommage provoqua la jalousie des oncles maternels de Méléagre, qui l'insultèrent ; il les tua. Althée, mère de Méléagre, irritée de la mort de ses frères, consuma alors un tison auquel était attachée l'existence de son fils. La vie du jeune héros s'éteignit lorsque le tison fatal fut consumé, et sa mère se tua bientôt après de regret et de désespoir. Diane continuait ainsi sa vengeance.

. Voici le nom des sept merveilles du monde : 1° les jardins suspendus de Sémiramis,; 2° les murs de Babylone; 3° les pyramides d'Égypte; 4° la statue de Jupiter Olympien; 5° le colosse de Rhodes, gigantesque statue d'Apollon ; 6° le temple d'Éphèse; 7° le Mausolée, tombeau élevé par Artémise en l'honneur de son époux Mausole, roi de Carie.

nairement chaussée du cothurne, vêtue d'une tunique
légère, un arc à la main et un carquois sur les épaules.
Une biche est à gauche ; son front est quelquefois orné
d'un croissant.

Fig. 17. — Diane.

Les femmes qui l'invoquaient à la naissance des enfants lui donnaient le nom de Lucine ou d'Ilithyie, èt
la confondaient avec Junon ou avec sa fille. On lui
donnait aussi le nom de Trivia, parce qu'on l'adorait

dans les carrefours, dont le nom latin est *trivium*. Quelquefois on la représentait avec trois têtes d'animaux : c'était tantôt le cheval, la laie et le chien, et tantôt le taureau, le chien et le lion. Elle était alors déesse triforme, en raison de ses triples fonctions.

CONSTELLATIONS.

Après avoir fait connaître Apollon et Diane, divinités du soleil et de la lune, c'est ici le lieu de parler du Zodiaque et des différents signes qui le composent. Le Zodiaque est formé de douze constellations par lesquelles le soleil passe successivement dans sa marche apparente autour de la terre. Les anciens rattachaient l'existence de ces diverses constellations à des faits mythologiques que nous allons raconter brièvement.

Le Bélier. Phryxus et Hellé, l'un fils et l'autre fille d'Athamas, roi de Thèbes, menacés par les intrigues d'Ino, s'enfuirent, et Jupiter leur envoya un bélier à la toison d'or, à l'aide duquel ils passèrent la mer qui s'appelle l'Hellespont, du nom d'Hellé. C'est ce bélier qui a formé la constellation qui porte son nom. — *Le Taureau.* Jupiter prit la forme d'un taureau pour transporter en Grèce la belle Europe, fille d'Agénor, roi de Phénicie, qui devint mère de Minos et de Rhadamanthe, et donna son nom à l'une des trois parties du monde. Transporté au ciel, le taureau devint le second signe du Zodiaque. — *Les Gémeaux* sont Castor et Pollux, héros célèbres par leur amitié fraternelle autant que par leur courage. On les appelle tantôt *Dioscures* ou fils de Jupiter, tantôt *Tyndarides* ou fils de Tyndare. Ils étaient tous deux nés de Léda, femme de Tyndare, roi de Sparte, et frères d'Hélène et de Clytemnestre. Pollux, fils de Jupiter, était immortel ; Castor, fils de Tyndare, devait mourir. A la mort de Castor, Pollux obtint de Jupiter que son frère reverrait la lumière pendant six mois de l'année, et qu'il irait tenir sa place aux enfers. Ainsi ils ne se voyaient plus qu'au passage. On les réunit à la voûte du ciel, où leur lumière, d'heureux présage, protége et dirige les marins. — *L'Écrevisse* ou *le Cancer* fut envoyée par Junon pour inquiéter Hercule dans son combat contre l'hydre de Lerne ; elle fut écrasée par le héros et placée au ciel. — *Le Lion*. C'est le lion de la forêt de Némée, tué par Hercule. — *La Vierge*. Selon les uns, cette vierge est Thémis, la seconde des femmes de Jupiter, et, selon d'autres, Astrée ou la Paix, fille de Thémis. — *La Balance*. Suivant la Fable, cette balance est celle d'Astrée, qui quitta la terre pour remonter au ciel lorsque commença le siècle de fer. — *Le Scorpion*. C'est celui dont la piqûre fit mourir le géant Orion. — *Le Sagittaire*. Le sagittaire est le centaure Chiron, précepteur d'Achille. Les Centaures étaient des monstres composés d'un corps de cheval terminé par le buste, les bras et la tête d'un homme. — *Le Capricorne*. Ce signe est occupé par la chèvre Amalthée, nourrice de Jupiter. — *Le Verseau*. On croit que c'est Ganymède, l'échanson de Jupiter. — *Les Poissons*. Ces poissons sont ceux qui portèrent Vénus et son fils au delà de l'Euphrate, pendant la guerre que les dieux soutinrent contre Typhon. Suivant d'autres, ce sont les dauphins qui amenèrent Amphitrite à Neptune.

Nous placerons ici ce que la Fable raconte de quelques autres constellations. Voici l'origine de *la grande Ourse* ou *le Chariot :* Callisto, l'une des nymphes qui composaient le cortége de Diane, fut aimée de Jupiter ; dès ce moment, la malheureuse Callisto encourut la haine implacable de l'épouse de Jupiter ; Junon, par une cruelle vengeance, la transforma en ourse. Arcas, le fils de Callisto, devenu grand, se livrait au plaisir de la chasse, et il allait lancer un trait mortel contre sa mère, lorsque Jupiter, pour prévenir ce parricide, le métamorphosa en constellation. La mère et le fils allèrent de compagnie former, dans la voûte céleste, la grande Ourse et le Bouvier. — *La petite Ourse* se compose d'étoiles qui représentent les nymphes nourrices de Jupiter. — Les *Hyades* ou les Pluvieuses sont les filles d'Atlas, pleurant la mort d'Hyas, leur frère. — *Orion*, la plus brillante des constellations, est le géant chasseur, tué par Diane. Il chasse maintenant au ciel, accompagné de ses chiens, les deux constellations du *grand* et du *petit Chien*. Ainsi la terre a peuplé la voûte céleste, et l'imagination des Grecs a rattaché à tous les astres des histoires touchantes.

Questionnaire.

De qui Diane était-elle fille ? — Cette déesse ne porte-t-elle pas différents noms ? — Que raconte-t-on des vengeances de Diane ? — Diane n'était-elle pas la déesse de la chasteté ? — Quel était le culte de Diane, et quels sont les temples les plus célèbres élevés en son honneur ? — Comment nommait-on les fêtes que la Grèce célébrait en son honneur ? — Comment la représente-t-on ? — N'a-t-elle pas d'autres noms ? — Qu'est-ce que le Zodiaque ? — Quelle est l'origine de la grande et de la petite Ourse et de la constellation d'Orion ?

6. MINERVE.

NAISSANCE, ATTRIBUTS ET PREMIER EXPLOIT DE MINERVE.

Jupiter éprouva un jour un mal de tête insupportable ; il avait dévoré sa première épouse, Métis ou la Réflexion, et les difficultés de la digestion faisaient travailler son cerveau. Voulant le dégager, il fit appeler Vulcain, et lui ordonna de lui assener sur la tête un coup de hache : le remède était violent, mais il opéra. Du crâne entr'ouvert de Jupiter s'élança une jeune vierge armée de pied en cap : c'était Minerve, déesse de la sagesse et symbole de la pensée. Cette fiction représente la sagesse comme issue de la pensée du Dieu suprême.

Minerve préside aux beaux-arts, à l'industrie et à la guerre, parce que la sagesse n'est pas moins nécessaire dans les combats que dans les travaux de l'intelligence.

Minerve naquit à propos pour seconder son père dans la guerre des dieux contre les géants. Elle l'aida de ses conseils et de son bras, et tua même l'un de ses plus terribles adversaires, le géant Pallas, dont elle prit le nom en souvenir de sa victoire. De la peau de ce géant elle recouvrit son bouclier ou égide, au milieu duquel elle plaça plus tard la tête de Méduse, une des Gorgones [1], dont les regards pétrifiaient ses ennemis.

---

1. Les Gorgones étaient filles de Phorcus et de Céto, divinités de la mer. Le héros Persée coupa la tête de Méduse.

DISPUTE DE MINERVE ET DE NEPTUNE.

Minerve disputa avec Junon et Vénus le prix de la beauté que le berger Pàris adjugea à la mère de Cupidon ; elle fut en rivalité avec Neptune, dieu des mers, pour l'honneur de donner un nom à la ville que Cécrops venait de fonder en Attique. Le conseil des dieux se porta juge de leur différend ; on décida que le privilége de nommer la ville nouvelle reviendrait à celui des deux rivaux qui ferait le présent le plus utile aux mortels. Neptune frappa la terre de son trident et en fit sortir un cheval. Les dieux furent saisis d'admiration à la vue de cet animal qui réunit la force à la docilité. Minerve ouvrit alors le sol avec le fer de sa lance. Un olivier chargé de fruits sortit du sein de la terre, et les dieux décidèrent que la déesse l'avait emporté sur Neptune. Minerve, que les Grecs appellent *Athéné*, donna son nom à la ville de Cécrops, qui devint si fameuse sous le nom d'Athènes.

VENGEANCES DE MINERVE.

Cette déesse présidait à l'industrie, fille de l'intelligence ; elle excellait dans l'art de filer, de tisser et de broder les étoffes ; elle se montra jalouse de sa supériorité, et punit cruellement Arachné, fille d'Idmon, roi de Colophon, qui opposait ses ouvrages de tapisserie à ceux de la déesse. Minerve, irritée de son audace et jalouse de son habileté, la frappa de sa navette. Arachné, au désespoir, voulut se pendre, mais elle fut changée en araignée.

Cette vengeance n'est pas en harmonie avec le caractère de Minerve ; mais il est probable que les anciens en ont chargé sa mémoire pour expliquer l'existence de ce hideux insecte fileur qui tend ses toiles dans les angles de nos maisons. On raconte encore d'elle un trait qui accuse un peu de coquetterie. Elle jouait un jour de la flûte en présence de Vénus et de Junon ; ces deux déesses se prirent à rire en voyant la bouche un peu grimaçante de Minerve : celle-ci consulta son miroir, et de dépit jeta l'instrument dont le jeu altérait la pureté de ses traits. Le satyre Marsyas ramassa cette flûte pour son malheur, et depuis elle a fait faire bien d'autres grimaces ici-bas ; toutefois elle ne défigure que les hommes : la leçon donnée par Minerve n'a pas été perdue pour tout le monde.

Tirésias, fils d'Évérus et de la nymphe Chariclo, fut privé de la vue pour avoir surpris Minerve se baignant dans l'Hippocrène. Mais la déesse, touchée de la douleur de Chariclo, qu'elle chérissait, donna à son fils, en échange de la vue qu'elle lui avait ravie, le don de prédire l'avenir. Tirésias usa souvent de ce don pendant les longues guerres qui désolèrent Thèbes, sa patrie, sous le règne funeste des Labdacides, dont nous aurons plus tard à nous occuper.

CULTE ET IMAGE DE MINERVE.

Athènes ne se montra pas ingrate envers la déesse qui lui avait donné l'olivier, source de ses richesses : elle lui éleva un temple magnifique, le Parthénon, dont les ruines subsistent encore ; le plus habile de ses sculpteurs, Phidias, en fit les ornements, et plaça dans le sanctuaire une statue de la déesse en or et en ivoire. On institua en l'honneur de Minerve des fêtes magnifiques, sous le nom de Panathénées. Il y en avait de deux espèces : les petites qui étaient annuelles, et les grandes qui revenaient tous les cinq ans.

A Rome, on célébrait aussi les fêtes de Minerve, et pendant leur durée les disciples portaient eux-mêmes à leurs maîtres des présents qu'on nommait Minervales.

Fig. 18. — Minerve.

On représente Minerve avec un air grave et majestueux; d'une main elle tient la lance, et de l'autre s'appuie sur son bouclier. Son casque est ombragé d'un panache flottant et surmonté d'une chouette,

symbole de la sagesse. Auprès d'elle sont les attributs
des arts et des sciences.

Questionnaire.

Comment naquit Minerve ? — Ne prit-elle point part à la guerre
des Géants? — Comment s'appelait le bouclier de Minerve? —
Qu'est-ce que Méduse ? — Quels sont les attributs de Minerve ? —
Minerve n'eut-elle pas un différend avec Neptune ? — Comment et
au jugement de qui obtint-elle la victoire ? — Minerve ne se ven-
gea-t-elle pas d'Arachné? — Que raconte-t-on encore de Minerve ?
— Minerve ne punit-elle pas Tirésias ? — Qu'est-ce que les Panathénées ? — Comment appelle-t-on le temple que les Athéniens
consacrèrent à Minerve ? — Rome ne célébrait-elle pas des fêtes
en l'honneur de Minerve ? — Comment représente-t-on Minerve ?

7. MERCURE.

NAISSANCE ET LARCINS DE MERCURE.

Mercure ou *Hermès*, fils de Jupiter et de Maïa,
l'une des filles d'Atlas [1], était le dieu de l'éloquence,
du commerce et des voleurs ; les dieux en firent leur
messager : c'est par son entremise qu'ils communi-
quaient avec la terre et les enfers. Il naquit sur le
mont Cyllène en Arcadie, et son enfance fut confiée
aux soins des Saisons.

Son penchant au larcin ne tarda pas à se montrer.
Le lendemain même de sa naissance tout l'Olympe fut
en émoi : Neptune cherchait vainement son trident,
Vénus sa ceinture, Mars son épée et Vulcain ses ou-
tils. Le nouveau-né les avait dérobés. Jupiter, dont il
avait respecté la foudre, enchanté de cette espièglerie,

---

1. Atlas, fils de Jupiter et de Clymène, était censé porter le ciel sur ses
épaules. C'était le symbole de la force de l'Océan, qui semble à l'horizon sup-
porter le ciel.

confia à son jeune fils le soin de servir aux dieux l'ambroisie et le nectar. Hébé venait d'être disgraciée, et Ganymède était encore sur le mont Ida. Cependant les vols se multipliaient à la cour céleste, et Mercure, enfin chassé, alla retrouver sur la terre Apollon, devenu berger. Vous savez déjà qu'il ne l'épargna pas plus que les autres dieux.

SERVICES RENDUS AUX DIEUX PAR MERCURE.

Cependant, comme l'adresse reconnue de Mercure pouvait être utile, il fut rappelé au ciel et reçut d'importantes missions. Ce fut lui qui tua Argus, chargé par Junon de la surveillance d'Io. Il fut le ministre de la vengeance de Jupiter contre Prométhée, qu'il transporta sur le Caucase, où le malheureux fils de Japet fut enchaîné. Il attacha sur la roue autour de laquelle il tourne incessamment le perfide Ixion qui avait outragé Junon ; il aida aussi Pluton dans l'enlèvement de Proserpine. Il se distingua dans la guerre des Géants, et délivra ensuite Mars, que ces fils de la Terre avaient enchaîné et jeté dans une prison, où il resta pendant plus d'une année.

ATTRIBUTS ET IMAGES DE MERCURE.

Les fonctions de Mercure sont très-variées : il servait d'intermédiaire aux dieux dans toutes leurs affaires ; il présidait aux jeux, aux assemblées publiques ; entendait les harangues et y répondait ; il inspirait les orateurs, protégeait les voyageurs, les marchands et les voleurs. Il conduisait aussi aux enfers les âmes des morts.

On le peint sous les traits d'un jeune homme à la

taille élancée ; il a des ailes aux pieds, aux épaules, à
son pétase, espèce de coiffure ronde qui lui couvre la
tête, et à son caducée [1] ; souvent on lui voit une

Fig. 19. — Mercure.

chaîne d'or qui part de sa bouche et s'attache aux
oreilles de ceux qui l'écoutent.

---

1. Le caducée était une baguette que Mercure reçut d'Apollon. L'ayant
placée entre deux serpents qui se battaient, ceux-ci s'y entrelacèrent et de-
meurèrent paisibles. Le caducée devint ainsi un symbole de paix.

Son culte était universellement répandu en Crète, en Grèce et en Italie. On lui offrait les langues des victimes comme emblème de l'éloquence. On voyait dans les rues d'Athènes beaucoup de pierres carrées surmontées d'une tête de Mercure : on les appelait des Hermès.

Les Égyptiens vénéraient un de leurs anciens législateurs sous le nom de Thoth ou d'Hermès trismégiste, ou trois fois grand.

Questionnaire.

De qui Mercure était-il fils ? — Que fit-il dans son enfance ? — Mercure ne fut-il pas chassé du ciel ? — Où se réfugia-t-il ? — Ne rentra-t-il pas en grâce ? — Quels services Mercure rendit-il aux dieux ? — Comment le représente-t-on ? — Qu'est-ce que le caducée ? — Où le culte de Mercure était-il surtout répandu ? — Quel nom donnait-on à ses statues ? — Les Égyptiens n'avaient-ils pas leur Mercure ?

8. MARS.

NAISSANCE DE MARS.

On n'est pas d'accord sur la naissance de Mars : les Grecs le nomment *Arès* et le disent fils de Jupiter et de Junon. Les Romains le font fils de Junon, qui lui aurait donné le jour après avoir respiré, sur le conseil de Flore, une fleur qui croissait dans les champs d'Olène, ville de l'Achaïe. Mars est le dieu de la guerre. Pendant le combat des Géants, il fut fait prisonnier, et ne dut sa liberté qu'à l'adresse de Mercure, après une longue captivité.

AVENTURES DE MARS.

Pour le dieu de la guerre, c'était mal débuter. Les

Grecs en faisaient peu de cas. Pendant le siége de Troie, il prit parti contre eux pour les Troyens. Diomède le blessa de sa lance. Le dieu blessé poussa un cri terrible, fort comme la voix de dix mille guerriers. Il se réfugia alors dans le ciel, où Jupiter lui fit de violents reproches :

> Va, tyran des mortels, dieu barbare et funeste,
> Va faire retentir tes regrets loin de moi.
> De tous les habitants de l'Olympe céleste,
> Nul n'est à mes regards plus odieux que toi.
> Tigre, à qui la pitié ne peut se faire entendre,
> Tu n'aimes que le meurtre et les embrasements ;
> Les remparts abattus, les palais mis en cendre,
> Sont de ta cruauté les plus doux monuments.
>
> J.-B. ROUSSEAU.

Les Grecs racontent aussi qu'ayant tué Halirrhothius, fils de Neptune, Mars fut cité par le dieu de la mer au conseil des dieux, et que l'assemblée, tenue dans Athènes, l'acquitta.

CULTE DE MARS CHEZ LES ROMAINS.

Les Romains l'ont beaucoup mieux traité : ils lui ont consacré leur ville, dont ils rattachaient l'origine à ce dieu, regardé par eux comme père de Romulus et de Rémus. Ils lui élevèrent plusieurs temples magnifiques. Lorsque les consuls partaient pour la guerre, ils lui offraient des sacrifices et des prières, et touchaient sa lance en s'écriant : *Veille, Mars!* plaçant ainsi leurs armes sous la vigilance et la protection du dieu.

Les Saliens [1], prêtres de Mars, formaient à Rome

---

1. *Saliens* veut dire sauteurs, à cause de leurs danses.

un collége sacerdotal très-célèbre. Ils portaient de petits boucliers nommés *anciles*. L'un de ces boucliers, tombé du ciel au temps de Numa, était le gage

Fig. 20. — Mars.

de la durée de la puissance romaine. Numa en fit faire onze autres exactement semblables et les déposa dans le temple de Vesta. Une fois par an les Saliens faisaient le tour de Rome en portant les douze boucliers. Ils dansaient et chantaient des hymnes en l'honneur du dieu Mars.

On représente Mars sous la figure d'un guerrier terrible. Le coq, symbole de la vigilance, lui était consacré. On sacrifiait sur ses autels des loups et quelquefois des victimes humaines.

Questionnaire.

Est-on d'accord sur la naissance de Mars ? — Ne prit-il point part à la guerre des Géants ? — Par qui fut-il délivré ? — Quel parti suivit-il pendant la guerre de Troie ? — Comment fut-il traité par Jupiter à son retour dans le ciel ? — N'eut-il pas un jugement à subir ? — Les Romains ne le considéraient-ils pas comme leur père ? — Comment se nommaient les prêtres de Mars ? — Quelle cérémonie faisaient-ils tous les ans ? — Comment représente-t-on le dieu Mars ?

---

9. VÉNUS.

NAISSANCE DE VÉNUS.

Vénus, nommée par les Grecs *Aphrodite*, est la déesse de la beauté. Elle est fille du Ciel et de la Mer. Voici comment : lorsque Saturne blessa Uranus, son père, le sang de sa blessure et quelques lambeaux de chair tombèrent dans la mer ; ballottés par les flots, ils se couvrirent d'écume, et de cette écume sortit une jeune déesse d'une ravissante beauté : c'était Vénus. Les Grâces et les Ris accoururent aussitôt pour lui faire un cortége ; les Heures se chargèrent de l'instruire et la conduisirent dans l'Olympe sur un char diaphane. Les dieux, transportés d'admiration, la proclamèrent déesse de la beauté.

Notre la Fontaine a fait de cette déesse un portrait

charmant dont il faut au moins citer quelques traits :

> Rien ne manque à Vénus, ni les lis, ni les roses,
> Ni le mélange exquis des plus aimables choses,
> Ni ce charme secret dont l'œil est enchanté,
> Ni la grâce, plus belle encor que la beauté.

Jupiter, pour récompenser l'artiste divin auquel il devait son foudre, son trône et son palais aux voûtes d'acier et d'airain, donna à Vulcain la belle déesse pour épouse. Elle portait une merveilleuse ceinture communiquant grâces, beauté, attraits, jeunesse, à celle qui la possédait.

JUGEMENT DE PARIS.

Tous les dieux avaient été appelés aux noces de Pélée, roi d'Égine, avec Thétis, fille de Nérée et de Doris. La Discorde seule n'avait pas été conviée. Pour se venger de cet affront, elle jeta sur la table du festin une pomme d'or avec cette inscription : *A la plus belle*. Toutes les déesses voulurent s'en emparer ; mais on remit la décision du débat à Pâris, berger phrygien, fils de Priam dont il gardait les troupeaux sur le mont Ida. Les prétentions des autres déesses avaient été écartées, il ne restait que trois rivales : Junon, Minerve et Vénus ; elles comparurent devant leur juge. Vénus obtint le prix, et nous verrons plus tard comment cette décision fut l'origine de la guerre de Troie.

LES GRACES. — CUPIDON. — ADONIS.

Les trois Grâces, Aglaé, Thalie et Euphrosyne, compagnes de Vénus, étaient filles de Jupiter et d'Eurynome. On les représente ornées de guirlandes de fleurs et dansant en rond. La première tient ordinairement une rose, la seconde un dé, et la troisième un myrte.

Cupidon, fils de la belle Vénus, est le dieu de

Fig. 21. — Cupidon.

l'amour. Il faut le distinguer de l'Amour ou *Éros*, antique divinité qui sortit du chaos[1], en même temps

---

1. Prononcez comme s'il y avait *cahos*.

que le ciel et la terre, et dont la naissance précéda celle des dieux eux-mêmes. Jupiter, qui prévoyait les troubles que causerait le fils de Vénus, voulait le faire périr ; mais sa mère le cacha dans les forêts, où il suça le lait des bêtes féroces. Aussitôt qu'il fut en âge de manier l'arc, il s'en fit un en courbant une branche de frêne, et employa le cyprès pour faire ses flèches, qu'il essaya sur les animaux avant d'en percer le cœur des hommes. Cupidon était un dieu puissant et impitoyable. Nous verrons plus loin ses aventures et son mariage avec Psyché.

Adonis, fils du roi de Cypre, Cinyre, était d'une beauté extraordinaire. Ennemi du repos, il parcourait les forêts du Liban, et poursuivait les bêtes farouches avec toute l'impétuosité de la jeunesse. Un jour, un sanglier furieux s'élance sur lui et le met en pièces. Vénus, dont il était aimé, accourue trop tard à son secours, le changea en anémone.

> Prêtez-moi des soupirs, ô vents ! qui sur vos ailes
> Portâtes à Vénus de si tristes nouvelles.
> Elle accourt aussitôt, et, voyant son amant,
> Remplit les environs d'un vain gémissement.
> Telle sur un ormeau se plaint la tourterelle,
> Quand l'adroit giboyeur a, d'une main cruelle,
> Fait mourir à ses yeux l'objet de ses amours ;
> Elle passe à gémir et les nuits et les jours.
>
> La Fontaine.

CULTE DE VÉNUS.

Le culte de Vénus était fort répandu dans la Grèce et dans l'Italie. Ses temples et ses statues sont innombrables. On l'adorait surtout à Paphos, à Cnide, à Amathonte, à Cythère et à Lesbos. On n'offrait sur ses autels que de l'encens et des parfums.

On la représente quelquefois sous la forme d'une jeune fille sortant du sein des eaux ; souvent on la place sur un char traîné par des colombes, ou des cygnes, ou des moineaux. Sa tête est couronnée de

Fig. 22. — Vénus.

myrte et de roses. On place ordinairement à ses côtés son fils Cupidon et les trois Grâces. Aucune déesse n'a été plus souvent chantée par les poëtes et représentée par les peintres et les sculpteurs. La Vénus de Praxitèle passait pour le chef-d'œuvre de la sculpture antique.

Questionnaire.

De qui Vénus était-elle fille? — Quel est son cortége ? — Quel fut son époux ? — D'où venait son pouvoir ? — Que fit la Discorde pendant les noces de Thétis et de Pélée ? — Qui fut choisi pour juge du débat suscité par la Discorde entre Junon, Vénus et Minerve ? — Quelles furent les conséquences du jugement de Pâris? — Quelles étaient les compagnes de Vénus ? — De qui Cupidon était-il fils ? — Cupidon est-il le même que l'Amour ? — Comment Cupidon fut-il nourri ? — Quelle est la puissance de ce dieu et comment se fit-il des armes ? — Que fit Vénus à la mort d'Adonis ? — Où Vénus était-elle adorée ? — Comment la représente-t-on ?

DEUXIÈME PARTIE

DIVINITÉS DE LA TERRE.

1. CYBÈLE.

Cybèle, fille d'Uranus et de Titéa, est la déesse de la terre. On lui donne les noms de Rhéa, d'Ops et de Vesta. Épouse de Saturne, elle fut mère de Jupiter, de Junon, de Neptune et de Pluton. Elle avait plusieurs surnoms, entre autres ceux de Bonne Déesse et de Mère des dieux.

Cybèle choisit pour son prêtre Atys, berger phrygien. Elle lui confia le soin de son culte, et lui commanda de faire vœu de chasteté. Le jeune prêtre désobéit en s'alliant à la nymphe Sangaride. La déesse lui inspira alors une telle frénésie que, dans ses transports, il allait attenter sur lui-même. Cybèle le changea en pin, et cet arbre lui fut consacré.

Son culte était originaire de la Phrygie, d'où il passa dans la Grèce et dans l'Italie.

Les prêtres de Cybèle, qu'on appelle Galles, Curètes, Corybantes, Dactyles ou Idéens, célébraient ses fêtes en dansant au bruit des cymbales et des tambours, et en poussant d'horribles hurlements.

On représente ordinairement Cybèle assise, pour montrer la stabilité de la terre ; elle porte un tambour ou un disque, emblème des vents que la terre renferme dans ses cavernes ; elle tient aussi une clef. Sa

Fig. 23. — Cybèle.

tête est couronnée de tours, et quatre lions traînent son char.

Quoique Cybèle porte le nom de Vesta, il ne faut pas la confondre avec la déesse dont Numa introduisit le culte dans Rome. Cette Vesta était le symbole du feu sacré. On lui éleva un temple où de jeunes prêtresses, vouées à la virginité et honorées sous le nom de *Vestales*, veillaient à l'entretien de la flamme du sanctuaire. La Vestale qui laissait éteindre le feu sacré, ou qui rompait son vœu de chasteté, était punie de mort.

Questionnaire.

Qu'est-ce que Cybèle? — Quels noms lui donne-t-on encore ? — Comment traita-t-elle Atys, l'un de ses prêtres? — Quel nom donnait-on aux prêtres de Cybèle? — Comment représente-t-on Cybèle? — Doit-on confondre avec Cybèle la Vesta des Romains ? — Quelle était la fonction de Vesta? — Quel nom donnait-on à ses prêtresses? — Quels vœux faisaient-elles?

2. CÉRÈS.

NAISSANCE DE CÉRÈS. — ENLÈVEMENT DE PROSERPINE.

Cérès, fille de Saturne et de Cybèle, est la déesse de l'agriculture. Elle eut de Jupiter une fille nommée Proserpine. Cérès parcourut la terre avec Bacchus, dieu de la vigne, enseignant aux hommes l'art d'ensemencer la terre et de faire du pain. Le sens de cette allégorie est facile à saisir. Ce voyage des deux divinités indique la marche de la culture du blé et de la vigne.

Les Grecs nommaient Cérès, *Déméter*, et sa fille *Perséphone* ou *Cora*. Le dieu des enfers, le terrible Pluton, dont aucune déesse ne voulait habiter le séjour, fut réduit à se procurer de vive force une épouse. Proserpine jouait avec les nymphes dans une vallée voisine du mont Etna, en Sicile. Pluton, sortant à l'improviste du sein de la terre, enleva la fille de Cérès, et l'emporta sur son char dans le ténébreux empire. Cérès était absente ; elle apprit bientôt le rapt de sa fille ; mais personne ne put lui apprendre ni le nom, ni la retraite du ravisseur. Elle se mit alors à sa recherche, un flambeau à la main, et parcourut la terre en demandant partout des nouvelles de sa fille.

VOYAGES, BIENFAITS ET VENGEANCES DE CÉRÈS.

Pendant son voyage, elle s'arrêta chez Éleusius, roi de l'Attique. Reconnaissante de l'hospitalité qu'elle en avait reçue, elle enseigna l'agriculture à Triptolème, fils de ce prince. Hippothoon, autre fils d'Éleusius, et Mégaurie, sa femme, la recueillirent aussi avec empressement. En Lycie, elle reçut un accueil moins favorable ; des paysans troublèrent l'eau d'une fontaine où elle voulait se désaltérer ; la déesse irritée les changea en grenouilles. Ce châtiment indique la colère de Cérès contre les contrées marécageuses qui ne produisent que des herbes inutiles, dans un terrain fangeux, asile des grenouilles. Pendant ce triste voyage, Cérès entra un jour dans la cabane d'une vieille femme. Pressée par la faim, elle mangeait avidement de la bouillie que son hôtesse avait préparée. Un enfant, nommé Stellio ou Stellé, se moqua de la déesse, qui lui jeta à la figure la moitié de sa boisson, et le métamorphosa en lézard. Après une course inutile, Cérès revint en Sicile ; la nymphe Aréthuse lui apprit alors que sa fille était devenue l'épouse de Pluton. La déesse alla implorer l'assistance de Jupiter. Le maître des dieux décida que Proserpine serait rendue à sa mère, si toutefois elle n'avait pris aucune nourriture dans les enfers. Malheureusement elle avait mangé quelques grains de grenade, et son gardien Ascalaphe l'avait vue. Il fallut transiger, et Jupiter décida que Proserpine demeurerait l'épouse de Pluton, mais qu'elle passerait six mois de l'année sur la terre. L'indiscret Ascalaphe fut changé en hibou. On voit sans peine que l'histoire de Proserpine est celle du grain de blé, qui passe l'hiver en terre et en sort au printemps.

Cérès se montra impitoyable envers un Thessalien nommé Érésichthon, qui, méprisant son culte, rasa une forêt qui lui était consacrée. Ce malheureux fut saisi d'une faim dévorante, tous ses biens furent engloutis dans son ventre, et il fut réduit à vendre sa fille Métra, qui, douée par Neptune du don de se transformer, passait de main en main sous diverses figures, toujours vendue à de nouveaux maîtres. Cette ressource ne suffisant pas, Érésichthon finit par se dévorer lui-même. Cette fable représente les hommes avides qui, au lieu de cultiver la terre, se hâtent de jouir de ses productions, et, suivant le proverbe, mangent leur blé en herbe.

PLUTUS. — CULTE ET IMAGES DE CÉRÈS.

Cérès est la mère de Plutus, dieu des richesses. Le dieu est représenté sous la figure d'un vieillard aveugle. On dit que, dans son enfance, il s'était promis de ne favoriser que les gens de bien; mais Jupiter, pensant que la vertu serait trop bien traitée si elle avait le privilége des richesses, aveugla Plutus. Son aveuglement profita aux méchants.

Les fêtes de Cérès à Éleusis étaient accompagnées de mystères qu'on ne pouvait révéler sans sacrilége. Ces mystères sont demeurés impénétrables. On célébrait en son honneur d'autres fêtes appelées *Thesmo-phories*.

Cérès est représentée tenant une faucille et une gerbe dans ses mains ; son front est ceint d'une cou-

Fig. 24. — Cérès.

ronne d'épis. On voit quelquefois auprès d'elle un hibou et un lézard, qui rappellent les métamorphoses de Stellio et d'Ascalaphe. On la peint souvent deux flambeaux aux mains et marchant à grands pas, en souvenir du voyage qu'elle fit à la recherche de Proserpine.

Questionnaire.

Qu'est-ce que Cérès ? — N'eut-elle pas une fille de son mariage avec Jupiter ? — Racontez-nous l'histoire de Proserpine. — Indiquez-nous les principales aventures de Cérès pendant son voyage sur la terre. — Comment punit-elle Érésichthon ? — Où célébrait-on les fêtes de Cérès ? — Comment représente-t-on cette déesse ?

---

3. BACCHUS.

NAISSANCE, ÉDUCATION ET CONQUÊTES DE BACCHUS. — SILENE.

Bacchus, *Dionysos* chez les Grecs, est fils de Jupiter et de Sémélé. Sémélé, fille de Cadmus, roi de Thèbes, mourut avant la naissance de son fils, victime de sa vanité mise en jeu par un artifice de Junon. Cette déesse prit la forme de Béroé, nourrice de Sémélé, et lui conseilla de demander à Jupiter de se montrer à elle dans tout l'éclat de sa gloire. Il y consentit, quoique à regret, et Sémélé tomba morte à l'aspect du dieu armé de la foudre. Jupiter renferma dans sa cuisse le jeune Bacchus, qui en sortit lorsque les neuf mois furent révolus.

Bacchus fut élevé par Silène, fils de Mercure et de la Terre, d'autres disent du dieu Pan et d'une nymphe. Ce vieillard, gros, gras, court et chauve, d'humeur joyeuse, instruisit l'enfance de Bacchus, dont il fut le compagnon fidèle, et qu'il suivit dans ses voyages et dans ses conquêtes. Il était toujours ivre dès le matin ; car il n'avait jamais, s'il faut en croire Virgile, cuvé le vin de la veille. On lui donne pour monture un âne sur lequel il se tient à grand'peine, et qui supporte le poids de son ventre. La coupe qu'il tient à la main se vide et se remplit toujours.

Bacchus signala sa force en étouffant un serpent à deux têtes que Junon avait déchaîné contre lui. Dans la guerre des Géants, il fit des prodiges de valeur. Descendu sur la terre, il fit la conquête des Indes. Accompagné du fidèle Silène et suivi d'une

Fig. 25. — Silène.

multitude d'hommes et de femmes armés de thyrses, et qui faisaient retentir les tambours et les cymbales, il vit tous les peuples se soumettre à sa puissance.

On raconte que, pendant son expédition, Silène fut un jour surpris par les Phrygiens, qui le livrèrent en-

chaîné à leur roi Midas. Ce prince s'empressa de le
rendre à Bacchus, qui lui accorda, par reconnaissance, le don de convertir en or tout ce qu'il touche-
rait. Midas ne tarda pas à reconnaître les inconvé-
nients de ce privilége lorsqu'il voulut boire et manger;
aussi pria-t-il le dieu de l'en débarrasser. Il y parvint
en se lavant les mains dans le Pactole, qui, depuis
cette époque, roule un sable d'or dans ses flots. C'est
ce même prince que nous avons vu plaisamment châ-
tié par Apollon.

VENGEANCES DE BACCHUS. — PENTHÉE. — LYCURGUE. LES FILLES DE MINÉE.

Ce dieu, père de la joie, n'en était pas moins terrible dans ses vengeances. Penthée, roi de Thèbes, fut
mis en pièces par sa propre mère et ses tantes, pour
avoir refusé de prendre part aux orgies qui se célébraient en l'honneur de Bacchus. Lycurgue, roi de
Thrace, perdit la vue pour avoir voulu arrêter la marche de ses prêtres. L'aventure des filles de Minée n'est
pas moins tragique, et mérite d'être racontée avec
quelques détails. « Ces trois sœurs, filles d'un roi
d'Orchomène, en Béotie, se nommaient Iris, Clymène
et Alcithoé. Habiles à broder et à faire de la tapisserie, elles cherchaient dans le travail leur plus douce
récréation. La fête solennelle de Bacchus étant arrivée, toute la population d'Orchomène y prenait part.
Les Minéides seules, qui méprisaient un culte extra-
vagant, ne veulent quitter ni leurs navettes ni leurs
fuseaux, pressent leurs esclaves plus que de coutume,
et, se moquant de l'accoutrement des bacchantes,
tournent en ridicule les peaux dont elles se couvrent,
le thyrse qu'elles agitent, les couronnes qui ombra-

gent leurs fronts. Ni les conseils de leurs parents, ni les avertissements des prêtres, ni les menaces faites au nom de Bacchus, ne fléchissent leur résolution ; elles s'obstinent à travailler, et, sous prétexte de

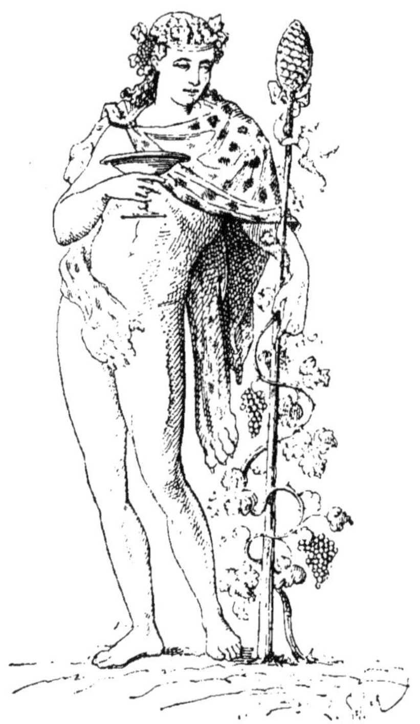

Fig. 26. — Bacchus.

plaire à Minerve, déesse des arts, elles ravissent à Bacchus les heures qui lui sont destinées.

« Tout à coup, sans voir personne, elles entendent un bruit confus de tambours, de flûtes et de trompettes ; elles respirent une odeur de myrrhe et de safran ; la toile qu'elles ourdissaient se couvre de verdure ; un cep de vigne s'élève de leurs métiers ; le

palais frémit et s'ébranle, elles croient voir briller
dans leurs appartements des torches allumées et entendre hurler des bêtes féroces. Effrayées de ce pro-
dige et enveloppées de fumée, elles veulent fuir;
mais, pendant qu'elles cherchent, pour s'y cacher,
l'endroit le plus secret du palais, une peau déliée
s'étend sur leurs membres, des ailes fort minces couvrent leurs bras. Sans avoir de plumes, elles se sou-
tiennent en l'air; elles s'efforcent de parler, un cri
est la seule voix qui leur reste. Elles sont devenues
chauves-souris [1]. »

La Fontaine décrit en beaux vers ce triste dénoûment :

> Bacchus entre, et sa cour, confus et long cortége ;
> « Où sont, dit-il, ces sœurs à la main sacrilége ?
> Que Pallas les défende et vienne en leur faveur
> Opposer son égide à ma juste fureur !
> Rien ne m'empêchera de punir leur offense :
> Voyez, et qu'on se rie après de ma puissance ! »
> Il n'eut pas dit, qu'on vit trois monstres au plancher,
> Ailés, noirs et velus, en un coin s'attacher.
> On cherche les trois sœurs, on n'en voit nulle trace.
> Leurs métiers sont brisés ; on élève en leur place
> Une chapelle au dieu père du vrai nectar.

Le poëte tire de cette aventure la conséquence qu'il
faut honorer les dieux :

> Chômons, c'est faire assez qu'aller de temple en temple
> Rendre à chaque immortel les vœux qui lui sont dus :
> Les jours donnés aux dieux ne sont jamais perdus.

CULTE ET IMAGES DE BACCHUS.

Les fêtes de Bacchus s'appelaient *Bacchanales*, et
étaient le signal de tous les excès. Les hommes et les

---

1. Ce récit est emprunté à la *Mythologie élémentaire* de M. Humbert de
Genève,

femmes se barbouillaient de lie, et, revêtus de peaux
d'animaux, couraient à travers la campagne, insultant
et maltraitant tous ceux qui ne s'associaient pas à leur
ivresse et à leurs fureurs.

On représentait Bacchus sous la forme d'un beau
jeune homme à la chevelure flottante, couronné de
pampre et de lierre. D'une main il tient le thyrse, baguette surmontée d'une pomme de pin, et autour de
laquelle s'enlace un cep de vigne; de l'autre il porte
une coupe ou des grappes de raisin; une peau de léo-
pard couvre ses épaules, et son char est traîné par des
lions.

Questionnaire.

Qu'est-ce que Bacchus? — Quelles sont les circonstances de sa
naissance? — Quel fut le précepteur de Bacchus? — Comment
nommait-on les prêtresses de Bacchus? — Quelles furent les victimes de la vengeance de Bacchus? — Comment nommait-on les
fêtes de Bacchus? — Comment représente-t-on Bacchus?

4. VULCAIN.

NAISSANCE, DISGRACES, TRAVAUX, CULTE ET IMAGES DE VULCAIN.

Vulcain, ou chez les Grecs *Héphaistos*, le dieu du
feu, est fils de Jupiter et de Junon, et, selon d'autres,
de Junon seule. Ce dieu parut si difforme, que Jupiter, d'un coup de pied, le précipita du ciel sur la terre.
La chute ne fut pas mortelle, mais Vulcain eut la
cuisse cassée et demeura boiteux.

Il était tombé dans l'île de Lemnos. Il y établit des
forges et fabriqua les foudres de Jupiter; il avait pour
compagnons et pour ouvriers les Cyclopes, fils d'Ura-

nus et de Titéa. Ces artisans infatigables faisaient retentir Lemnos et les cavernes de l'Etna du bruit de leurs marteaux, qui frappaient en cadence sur de lourdes enclumes.

Fig. 27. — Cyclopes.

Les dieux, malgré la difformité de Vulcain, le donnèrent pour époux à Vénus, la plus belle de toutes les déesses. Vulcain se faisait remarquer entre tous les dieux par son caractère officieux et débonnaire. Il était toujours disposé à rétablir le calme dans l'Olympe, et on le vit même un jour, dans le désir

d'apaiser une querelle, remplir, au lieu de Ganymède,
l'office d'échanson. C'est alors que s'éleva parmi les
dieux ce rire inextinguible dont parle Homère. Il délivra Junon, que Jupiter avait suspendue entre le ciel
et la terre.

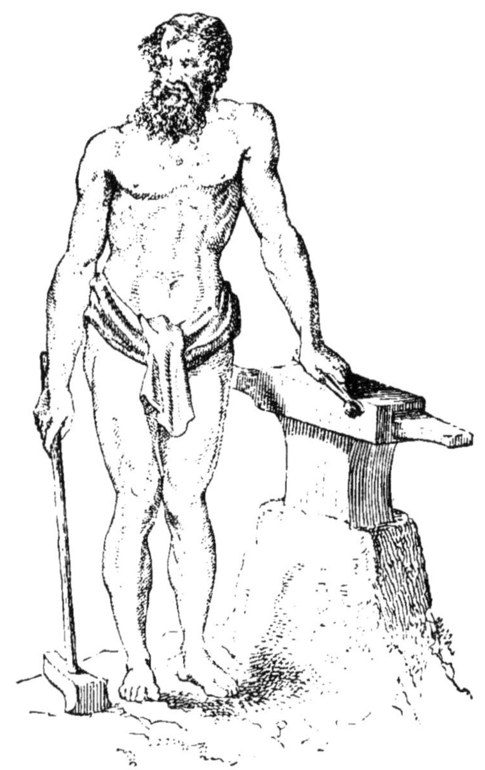

Fig. 28. -- Vulcain.

Il serait trop long de compter tous les ouvrages qui
sortirent de ses mains et dans lesquels brillait son in-
fatigable et ingénieuse industrie : foudres de Jupiter,
armures de héros, colliers et couronnes de déesses,

palais ; son zèle suffisait à tout, et son art faisait de tous ses ouvrages autant de chefs-d'œuvre.

Les Athéniens instituèrent des fêtes en son honneur ; c'étaient des courses, appelées *Lampadophories*, dans lesquelles les coureurs se passaient de main en main un flambeau qui ne devait pas s'éteindre. Les poëtes ont fait de ce flambleau un emblème de la vie que les générations humaines se transmettent dans la succession des âges.

On représente ordinairement ce dieu appuyé sur une enclume ; sa barbe est touffue ; sa mise négligée et ses jambes cagneuses ; il tient un marteau et des tenailles.

Questionnaire.

Qu'est-ce que Vulcain? — Comment fut-il traité par Jupiter? — Quelle fut l'épouse de Vulcain? — Quel était son caractère ? — Où Vulcain établit-il ses forges? — Quels sont ses principaux ouvrages? — Comment nommait-on les courses célébrées en son honneur à Athènes? — Comment représente-t-on Vulcain?

5. DIVINITÉS SUBALTERNES DE LA TERRE.

PALÈS. — FLORE. — POMONE. — VERTUMNE. — PRIAPE. — PAN. — SATYRES. — NYMPHES.

Cybèle représente la terre, Cérès l'agriculture, Proserpine le blé, Bacchus la vigne, Vulcain le feu. Après ces grandes divinités de la terre, il faut citer Palès, déesse des pâturages et des prairies ; Flore, déesse des fleurs ; Pomone, déesse des vergers et des fruits, el Vertumne, dieu des saisons. Ces dernières divinités, exclusivement italiennes, étaient inconnues aux Grecs.

Palès n'a pas d'histoire ; cette innocente divinité n'a pas fait parler d'elle, et c'est un grand éloge. Flore fut aimée de Zéphire, ce qui veut dire que le vent caresse

Fig. 29. — Flore.

les fleurs. Pomone est aussi une divinité irréprochable. Vertumne, à force d'adresse et de soumission, lui fit agréer ses hommages, et l'union de ces dieux ne fut

troublée par aucun orage. Les poëtes, en créant ces
gracieuses divinités, se sont contentés de leur donner
un nom, une figure et quelques attributs. Terme, dieu

Fig. 30. — Pomone.

romain, présidait aux bornes des champs. On le représente avec une tête d'homme, mais sans pieds et
sans mains, pour marquer son immobilité.

Il faut ajouter à ces divinités Priape, dieu des jardins, fils de Vénus et de Jupiter, et le dieu Pan, fils de Jupiter et de la nymphe Callisto. Les mœurs de

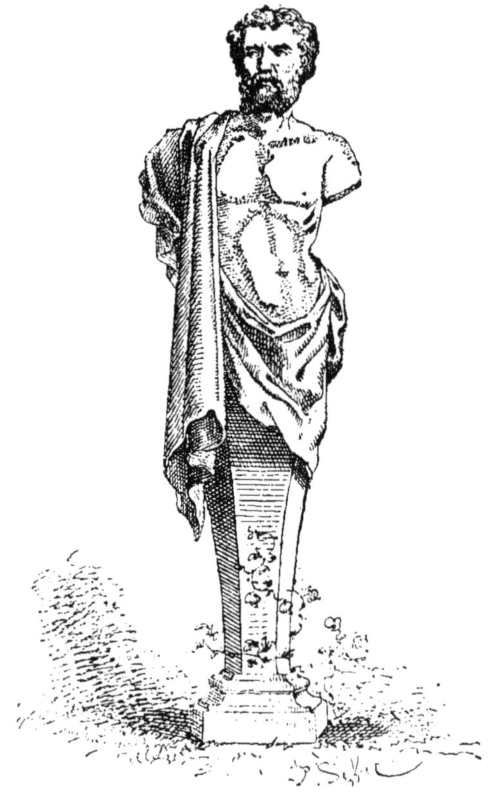

Fig. 31. — Le dieu Terme.

ces deux divinités n'étaient pas exemplaires ; elles contrastent avec celles de Palès , Flore et Pomone.

Pan faisait sa résidence en Arcadie et rendait des oracles sur le mont Lycée. Il inventa la flûte à sept tuyaux qu'il nomma *syringe*, de la nymphe Syrinx, qui fut métamorphosée en roseau lorsqu'elle se dérobait à ses poursuites.

On donne à Pan des cornes sur la tête, un nez camus, des cuisses, des jambes et des pieds de chèvre.

Fig. 32. — Pan.

Il est le chef des Satyres, autres divinités terrestres, dissolus comme leur maître, et comme lui le front armé de cornes et le corps porté par des jambes de chèvre ou de bouc. Ces dieux railleurs et lascifs étaient la terreur des Nymphes.

Il ne faut pas oublier Faunus, dieu des bergers, qui régna sur le Latium après Picus, son père. Il fit fleurir l'agriculture et fut père des Faunes, divinités qu'on ne doit pas confondre avec les Satyres, auxquels ils ne ressemblaient qu'extérieurement. Ils avaient moins de grossièreté et plus de décence. Fénelon, dans une de ces fables charmantes qu'il composait pour l'éducation du duc de Bourgogne, a fait d'un jeune Faune une description qu'il convient de citer : « Il était gracieux et folâtre ; sa tête était couronnée de lierre et de pampre ; ses tempes étaient ornées de grappes de raisin ; de son épaule gauche pendait sur son côté droit, en écharpe, un feston de lierre. Le Faune était enveloppé au-dessous de la ceinture par la dépouille affreuse et hérissée d'une jeune lionne qu'il avait tuée dans les forêts. Il tenait dans sa main une houlette courbée et noueuse. Sa queue paraissait derrière comme se jouant sur son dos. »

Les Nymphes recevaient différents noms, suivant leur séjour. Celles des forêts étaient les Hamadryades ; celles des arbres, les Dryades ; les Napées habitaient les bois et les vallées ; les Naïades étaient attachées aux fontaines, et les Oréades peuplaient les montagnes.

Ainsi non-seulement la Terre était une déesse, mais d'innombrables divinités présidaient à tout ce qu'elle contient, à tout ce qu'elle enfante.

Questionnaire.

Quelles sont les divinités subalternes de la terre ? — Qu'est-ce que Palès, Flore et Pomone ? — Qu'est-ce que le dieu Pan, et quelle était sa résidence ? — Qu'est-ce que les Satyres et les Faunes ? — Quelles sont les Nymphes de la terre ?

TROISIÈME PARTIE

DIVINITÉS DE LA MER.

1. OCÉAN ET TÉTHYS.

OCÉAN. — TÉTHYS. — OCÉANIDES.

Avant de parler des divinités de la mer, il faut dire un mot de la Mer, que les anciens avaient divinisée sous les noms d'Océan et de Téthys. Ces dieux antiques étaient fils d'Uranus et de Titéa, et tous deux Titans.

Océan épousa Téthys, sa sœur, et de leur union naquirent les Océanides, nymphes de la mer. On n'en comptait pas moins de trois mille. Ces nymphes étaient l'objet d'un culte particulier; les nautoniers leur offraient des libations et des sacrifices. Lorsque le sacrifice était offert sur les bords de la mer, on recevait le sang de la victime dans un vase; en pleine mer, on laissait couler le sang dans les flots. Dans le calme, on leur immolait des agneaux ou des porcs, et des taureaux dans la tempête.

Océan régnait sur la mer, et son empire s'étendait sur les fleuves dont il était le père. Les anciens lui rendaient un culte solennel, et l'invoquaient au départ des expéditions maritimes.

On le représente sous la forme d'un vieillard, le front armé de deux pinces d'écrevisse, pour indiquer qu'il ne lâche jamais sa proie ; il tient une pique à la main. A côté de lui on voit un monstre marin.

Téthys, épouse et sœur d'Océan, représente la mer Méditerranée, et leur alliance exprime l'union de deux mers qui se confondent au détroit de Calpé et d'Abyla (Gibraltar). On raconte de Téthys un exploit semblable à celui de Thétis, mère d'Achille. C'est elle qui aurait amené le géant Égéon ou Briarée, dont l'apparition déjoua le complot des dieux contre Jupiter. Cela tient sans doute à la confusion qu'on a faite trop souvent entre ces deux divinités, et qu'il faut éviter avec soin : l'une est la petite-fille de l'autre, et leurs noms comme leurs attributs sont distincts.

Questionnaire.

Sous quels noms les anciens ont-ils divinisé la Mer ? — Quels enfants naquirent de l'union d'Océan et de Téthys ? — Comment représente-t-on l'Océan ? — Que raconte-t-on de Téthys ?

---

2. NEPTUNE.

NAISSANCE ET EXPLOITS DE NEPTUNE.

Neptune, que les Grecs appellent *Poseidon*, est fils de Saturne et de Rhéa ; il reçut dans le partage du monde l'empire de la mer.

A sa naissance, sa mère le cacha dans une bergerie d'Arcadie, et fit croire à Saturne qu'elle était accouchée d'un poulain. Saturne, qui dévorait tout indistinctement, prit le change, et Neptune fut sauvé.

Il se distingua dans la guerre des dieux contre les

Géants; mais son ambition le porta bientôt à s'associer aux ressentiments de Junon et à conspirer contre Jupiter. Nous savons que ce complot échoua par la présence du géant Briarée. Neptune fut puni de ses

Fig. 33. — Neptune.

mauvais desseins par l'exil. Relégué sur la terre, il travailla avec Apollon à relever les murailles de Troie, et, comme lui, il fut frustré de son salaire par le perfide Laomédon. Neptune et Apollon se liguèrent pour punir ce parjure. Apollon envoya la peste, et Neptune un monstre marin qui dévorait les habitants de la ville et de la campagne. Les Troyens effrayés consultèrent l'oracle, qui leur ordonna de livrer au monstre la fille même de Laomédon, Hésione. Enchaînée à un rocher, elle attendait la mort, lorsque le vaisseau des Argonautes vint à passer. Hercule se fit fort de la délivrer si Laomédon consentait à lui livrer ses chevaux invincibles. Toute promesse de ce prince amenait un parjure. Hercule, frustré du prix de sa victoire, saccagea la ville de Troie, tua Laomédon et donna Hésione à Télamon, roi de Salamine et l'un des Argonautes.

Neptune fut vaincu dans sa lutte contre Minerve, qui donna son nom à Athènes. Cette déesse lui disputa encore l'honneur de donner un nom à la ville de Trézène : Jupiter mit fin à ce débat en donnant à son frère le titre de roi de Trézène et à sa fille celui de protectrice de la ville. Corinthe fut l'objet d'un semblable différend entre Neptune et Apollon. Briarée, choisi pour arbitre, adjugea l'isthme de Corinthe au dieu des mers et le promontoire à son rival.

Neptune épousa Amphitrite, fille de Nérée et de Doris, qui avait fait vœu de virginité, et il mit au rang des astres les dauphins qui la lui avaient amenée. Devenue la reine des mers, Amphitrite eut de Neptune Triton, une des principales divinités marines.

On attribue à Neptune un très-grand nombre d'enfants nés de mères différentes. Cette fécondité repose principalement sur la vanité des navigateurs et des fondateurs de villes maritimes, qui se disaient fils du dieu des mers.

ATTRIBUTS ET CULTE DE NEPTUNE.

Neptune est le souverain des mers. On le représente debout sur un char en forme de conque et traîné par des chevaux marins. Il tient à la main un trident. Les Tritons et les Néréides l'accompagnent.

Le culte de Neptune prit naissance en Libye et se répandit de là en Grèce et en Italie. Les Grecs célébraient en son honneur les jeux Isthmiques, qui attiraient la Grèce entière à l'isthme de Corinthe. Chez les Romains ces fêtes s'appelaient Consuales[1]. On immolait à ce dieu le cheval et le bœuf, et les devins lui offraient le fiel des victimes. Dans les Consuales, on promenait à travers la ville des chevaux magnifiquement enharnachés, pour remercier Neptune d'avoir fait don aux hommes de « ce fier et fougueux animal ».

Questionnaire.

De qui Neptune était-il fils? — Ne fut-il pas exilé du ciel? — Que devint-il pendant son exil? — Quelle fut la suite du parjure de Laomédon? — Neptune n'eut-il pas des différends avec quelques divinités? — Qui Neptune épousa-t-il? — Quel dieu était Neptune et comment le représente-t-on? — Qu'était-ce que les jeux Isthmiques? — Qu'était-ce que les Consuales

---

3. NÉRÉE.

NÉRÉE, SON ORIGINE, SES FILLES LES NÉRÉIDES.

Nérée, fils de l'Océan et de Téthys, épousa Doris sa sœur, dont il eut cinquante filles, les Néréides, nymphes de la mer. On représente Nérée sous la figure d'un vieillard avec une longue barbe azurée. Sa

---

1. Le nom de *Consuales* est tiré de *Consus*, divinité que l'on confond avec Neptune.

retraite était dans la mer Égée, qui baigne les côtes de l'Attique; ses filles l'environnaient et dansaient autour de lui. Nérée était renommé par sa sagesse; les hommes le consultaient utilement, et il leur annonçait l'avenir. Hercule, éclairé par ses conseils, s'empara des pommes d'or du jardin des Hespérides. Nérée changeait souvent de forme pour échapper aux importunités de ceux qui venaient le consulter.

Ses filles, remarquables par la grâce de leurs mouvements et la beauté de leurs traits, faisaient l'ornement du cortége de Neptune. Les héros enviaient l'alliance de ces gracieuses divinités.

On peut penser que les nymphes de la mer, Océanides ou Néréides, sont la personnification des vagues et des flots qui, par la grâce de leurs mouvements et l'éclat varié de leurs couleurs, frappèrent l'imagination des peuples voisins de la mer.

Questionnaire.

Qu'était-ce que Nérée? — Quelle fut sa femme et quelles furent ses filles? — N'avait-il pas le don de lire dans l'avenir?

---

4. DIVINITÉS SUBALTERNES DE LA MER.

PROTÉE.

Protée, fils de l'Océan et de Téthys, d'autres disent de Neptune, était le gardien des troupeaux de ce dieu, composés de phoques ou veaux marins. Il avait, comme Nérée, le don de prévoir l'avenir, mais il ne rendait ses oracles que par violence; avant de parler, il essayait par diverses métamorphoses d'échapper aux poursuites de ceux qui venaient le consulter.

On trouve un exemple mémorable de cette puissance de Protée dans la fable d'Aristée, fils d'Apollon et de Cyrène. Orphée, le chantre de la Thrace, allait épouser la nymphe Eurydice. Aristée, jaloux de leur bonheur, veut enlever Eurydice. La nymphe s'enfuit, mais dans sa fuite ses pieds portent sur un serpent venimeux qui lui fait une mortelle blessure. Les Nymphes, irritées de cette mort, firent périr les abeilles du perfide Aristée. Celui-ci, dans sa douleur, va consulter sa mère, qui lui conseille d'interroger Protée, dont les réponses l'aideront à réparer sa perte. Aristée surprend le dieu endormi sur le rivage de la mer et le charge de liens; Protée échappe sous différentes figures; mais Aristée le poursuit sous toutes les formes, et parvient par ses efforts à lui faire reprendre sa figure véritable. Protée lui enseigne le moyen de faire renaître ses abeilles.

TRITON, GLAUCUS ET MÉLICERTE.

Triton était fils de Neptune et d'Amphitrite. Homme et poisson, son corps, surmonté d'une figure humaine, se terminait par une queue de dauphin. Ce dieu était le trompette de Neptune. Dans la guerre des Géants, il fit retentir sa conque marine avec un bruit si étrange et si violent, que les fils de la Terre, épouvantés, cédèrent la victoire aux dieux. Les enfants de Triton conservèrent le nom de leur père, et servirent de cortège au dieu des mers avec Nérée et Doris.

Glaucus, autre divinité marine, représente les pêcheurs. On le dit fils de Neptune. La pêche était son occupation favorite. On raconte qu'ayant remarqué que les poissons qu'il amenait sur le rivage prenaient une force nouvelle en touchant de certaines herbes, il voulut en manger et qu'aussitôt après il se précipita dans la mer. Glaucus, comme l'indique son nom, est une divinité spéciale de la mer aux flots glauques. On le représente avec une longue barbe, des cheveux flottants sur ses épaules, et d'épais sourcils. Apollon lui donna le don de prophétie, et Nérée en fit son interprète.

Il faut ajouter à ces divinités Mélicerte, fils d'Athamas, roi de Thèbes, et d'Ino. Fuyant avec sa mère les fureurs d'Athamas, il se précipita dans les flots, et y périt. Son corps fut porté par un dauphin sur le rivage de Corinthe, où Sisyphe l'inhuma, et il fut transformé sous le nom de Palémon en une divinité marine que les Romains appelèrent Portumnus, et qui protége l'entrée des vaisseaux dans le port. Ino, sa mère, fut adorée par les Grecs sous le nom de Leucothoé, et par les Romains sous celui de Matuta.

PHORCYS. — LES SIRÈNES. — LES HARPYES.

Phorcys, dieu marin, était fils de Neptune et père des Gorgones. Thoosa, l'une de ses filles, fut mère du cyclope Polyphème. On regardait Phorcys comme le père du dragon, gardien du jardin des Hespérides. Scylla est sa fille. Victime de la jalousie de Circé, elle se baigna dans une fontaine empoisonnée, fut saisie de fureur, et se précipita dans les flots, où elle devint un monstre terrible aux vaisseaux. C'est elle qui, avec Charybde, amène les naufrages qui ont rendu si fameux le détroit de Messine. Ces divinités sont les symboles des récifs funestes à la navigation.

Les Sirènes, nymphes célèbres par la douceur enchanteresse de leur voix, étaient filles du fleuve Achéloüs et de la muse Calliope. Elles habitaient des rochers escarpés sur les bords de la mer, entre l'île de Caprée et l'Italie. Elles arrêtaient les voyageurs par la douceur de leurs chants, et ceux-ci, ravis en extase, oubliaient de manger, et périssaient faute d'aliments. Ulysse, roi d'Ithaque, à son retour de la guerre de Troie, échappa à leurs séductions en se faisant attacher au mât de son vaisseau, et en bouchant avec de la cire les oreilles de ses compagnons. L'oracle avait prédit que, si elles laissaient passer un mortel sans le séduire par leurs chants, elles périraient aussitôt. Le salut d'Ulysse fut leur perte ; elles se précipitèrent dans la mer. Les sirènes personnifient peut-être les calmes qui arrêtent les navires au milieu de la mer.

Les Harpyes sont moins des divinités de la mer que des monstres marins. On les dit filles de Neptune et de la Mer ; la plus célèbre d'entre elles est Céléno. Ces monstres, au visage de femme, au corps de vautour, aux ongles crochus, causaient la famine partout où ils passaient. Toujours chassés, ils revenaient sans cesse. On croit voir dans cette fiction une allégorie des corsaires qui infestent les mers et pillent les côtes.

ÉOLE ET LES VENTS.

Éole, dieu des vents et des tempêtes, régnait sur les îles de la mer de Sicile qu'on appelait Vulcanies, et qui prirent de leur roi le nom d'Éolies. Jupiter l'avait établi gardien des Vents renfermés dans de profondes cavernes. Il leur donnait l'essor et les rappelait à son gré. Il les confia à Ulysse, après les avoir renfermés dans des outres ; mais les imprudents compagnons du roi d'Ithaque ouvrirent leurs prisons, et leur vaisseau fut battu par une horrible tempête.

Les Vents se divisaient en deux familles : les uns,

Fig. 24. — Zéphyre.

qui étaient fils des géants Typhée et Astrée, troublaient l'air et soulevaient les tempêtes ; les autres, favorables aux mortels, étaient enfants des dieux. Les

quatre vents principaux étaient Eurus, Auster, Zéphyre et Borée. Ils sont caractérisés d'après leur influence sur les côtes de la Méditerranée. Eurus, vent
du sud-est, est représenté sous les traits d'un jeune

Fig. 35. — Auster.

homme qu'emporte une course impétueuse; Auster,
ou vent du midi, est un vieillard triste, environné de
nuages; Zéphyre est couronné de fleurs; Borée, ou le
vent du nord, traîne après lui la pluie, la neige et les
tempêtes.

L'AURORE.

L'Aurore, fille de Titan et de la Terre, et, selon quelques poëtes, mère des Vents, sort du sein des flots.

pour annoncer la venue du Soleil. Elle eut pour époux Tithon, chasseur renommé, et frère de Priam, roi des Troyens. Tithon, qui avait reçu le don d'immortalité sans celui d'une éternelle jeunesse, devint si cassé avec l'âge, que, par pitié, Jupiter le transforma en cigale.

Céphale, jeune chasseur d'une rare beauté, fut aimé de l'Aurore, qui lui donna un javelot dont les coups étaient inévitables. La jalousie de Procris, femme de Céphale, rendit ce don fatal. Elle s'était cachée derrière un buisson pour épier Céphale. Laissons parler un poëte :

> Procris s'était cachée en la même retraite
> Qu'un faon de biche avait pour demeure secrète.
> Il en sort, et le bruit trompe aussitôt l'époux.
> Céphale prend le dard, toujours sûr de ses coups,
> Le lance en cet endroit et perce sa jalouse,
> Malheureux assassin d'une si chère épouse.
> Un cri lui fait d'abord soupçonner quelque erreur.
> Il accourt, voit sa faute, et, tout plein de fureur,
> Du même javelot il veut s'ôter la vie.
> L'Aurore et les Destins arrêtent cette envie.
> Cet office lui fut plus cruel qu'indulgent :
> L'infortuné mari, sans cesse s'affligeant,
> Eût accru par ses pleurs le nombre des fontaines,
> Si la déesse enfin, pour terminer ses peines,
> N'eût obtenu du sort que l'on tranchât ses jours :
> Triste fin d'un hymen bien divers en son cours!

Céphale et Procris, tous deux changés en étoiles, prirent place à la voûte des cieux. Comme son nom l'indique en grec, Procris est la rosée du matin, que Céphale, c'est-à-dire la tête du soleil levant, dissipe en lui lançant ses rayons.

Memnon, puissant prince qui régna sur une partie de l'Orient, et qui conduisit au siége de Troie dix mille guerriers, était fils de l'Aurore et de Tithon. Il fut tué par Achille. Après sa mort on lui éleva des statues, dont la plus fameuse est ce colosse égyptien qui rendait un son plaintif aux premiers rayons du soleil.

Les anciens représentent l'Aurore vêtue d'une robe de safran, et montée sur un char de couleur de feu attelé des chevaux Lampus et Phaéton.

Questionnaire.

De qui Protée était-ils fils ? — Quelles étaient ses fonctions ? — N'était-il pas renommé par sa sagesse ? — Qu'était-ce que Triton ? — Ne fut-il pas père d'une nombreuse famille ? — Que savez-vous de Glaucus ? — Qu'est-ce que Mélicerte ? — Qu'est-ce que Phorcys ? — Qu'est-ce que les Sirènes ? — Quelle fut la cause de leur mort ? — Qu'est-ce que les Harpyes ? — Quel était le dieu des vents et des tempêtes ? — N'y avait-il pas plusieurs races de Vents ? — Quelle était la mère des Vents ? — Quelles étaient les fonctions de l'Aurore ? — Quel fut l'époux de l'Aurore ?

QUATRIÈME PARTIE

DIVINITÉS DES ENFERS

1. DESCRIPTION DU TARTARE ET DES ENFERS.

Suivant Hésiode, le Tartare est aussi distant de la terre que la terre l'est du ciel. Une enclume d'airain tombant du ciel roulerait neuf nuits et neuf jours, et arriverait le dixième sur la terre ; une enclume d'airain tombant de la terre roulerait neuf nuits et neuf jours, et arriverait le dixième dans le Tartare. L'abîme est fermé par un rempart d'airain ; la nuit en entoure trois fois l'enceinte de ses voiles sombres. Au-dessus sont les bases éternelles de la terre et de la mer. Là, sont les limites du monde, lieux infects et hideux, abhorrés même des immortels, espaces vides et sans bornes. Un homme tombé dans cet abîme roulerait un an entier sans trouver un point d'appui. Les dieux mêmes redoutent ce chaos, séjour odieux où sommeille la Nuit dans un océan de nuages.

Là s'élève le palais de Pluton et de la chaste Proserpine.

Les autres poëtes ont placé ce séjour ténébreux au centre de la terre, et voici la description qu'ils en donnent. Sur le seuil des Enfers paraissent la Douleur et le Chagrin ; près d'eux se tiennent la Maladie, la

Vieillesse, la Peur, le Travail, la Mort et le Sommeil,
son frère. La Guerre et la Discorde s'y montrent
la tête hérissée de serpents. Les lits de fer des Furies
sont à côté, et cent autres monstres assiégent l'entrée
de ce fatal séjour. Ce vestibule de l'Enfer s'appelle

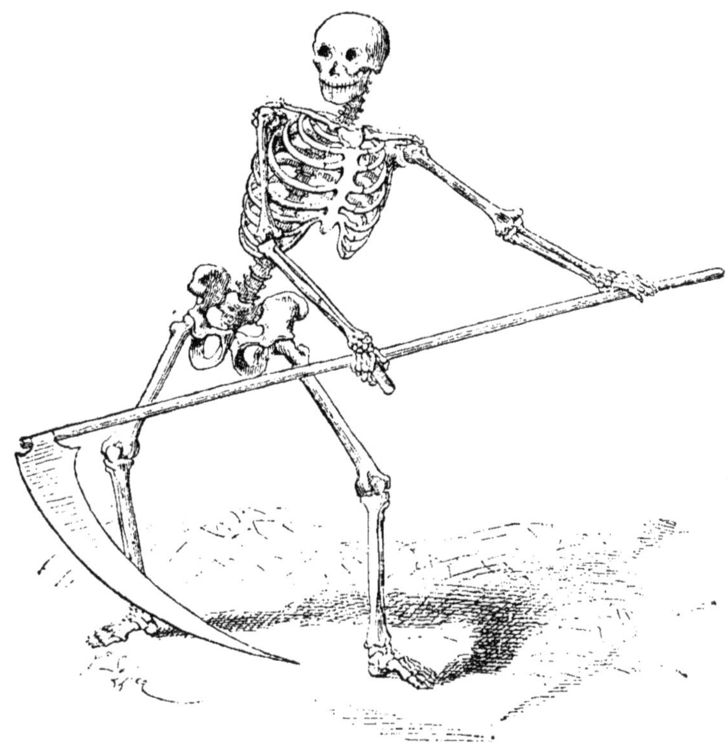

Fig. 36. — La Mort.

l'Averne. De là un chemin ténébreux conduit à l'A-
chéron, fleuve terrible sur les rives duquel se pressent
les âmes des morts, en attendant que le nocher des
Enfers, Charon, les reçoive dans sa barque. Au delà
de l'Achéron se trouve la porte d'entrée du palais de
Pluton, gardée par Cerbère, chien à trois têtes, tou-

jours éveillé, et dont les aboiements répandent l'effroi.

Trois juges inexorables, vieillards au front sévère, Minos, Éaque et Rhadamanthe, siégent sur leur tribunal, et rendent des arrêts irrévocables.

Plus on avance dans ce triste séjour, plus l'effroi redouble. On arrive enfin au Tartare, que protégent trois enceintes de murailles et des portes d'airain. C'était le séjour des grands coupables, que les Furies tourmentaient sans leur laisser ni trêve ni repos.

L'Enfer était traversé par cinq fleuves. Le premier s'appelait l'Achéron; c'est le fleuve des angoisses, qu'alimentent les larmes des coupables. Le Cocyte entourait le Tartare, et n'était formé que par les larmes des méchants. Le Styx, ou fleuve de la Haine, environnait sept fois les Enfers. C'est par lui que juraient les dieux, et le serment prononcé sur son nom était inviolable. Le parjure était puni par dix années d'exil. D'abord le coupable tombait sans mouvement; il demeurait dans cette léthargie pendant une année. A son réveil, il vivait dans l'isolement, loin de la table et de l'assemblée des dieux; il ne reprenait son rang parmi les immortels qu'après dix ans de déchéance. Le plus terrible de ces fleuves, le Phlégéthon, roulait des torrents de feu et de bitume. Le Léthé marquait la limite du Tartare et des champs Élysées. On buvait avec ses eaux l'oubli des maux passés, et les ombres destinées au bonheur s'y désaltéraient avant de passer dans les champs Élysées.

Les champs Élysées, séjour des justes, sont placés par les uns dans l'intérieur de la terre, et par d'autres dans des îles lointaines; il faut lire dans le *Télémaque* la description que Fénelon donne de cette demeure fortunée.

Comment nommait-on le séjour des morts ? — Où était-il situé ? — Que voyait-on à l'entrée du Tartare ? — Comment nommait-on l'entrée du Tartare ? — Combien comptait-on de fleuves dans l'Enfer ?

2. PLUTON.

PLUTON, SON CULTE ET SON IMAGE.

Pluton, que les Grecs nomment *Hadès*, était le roi des Enfers. Frère de Jupiter et de Neptune, il eut pour partage l'empire des morts. Dans la guerre des Titans contre Saturne, il combattit pour son père et se couvrit la tête d'un casque fabriqué par les Cyclopes, qui rendait invisible celui qui le portait. Pluton resta longtemps seul dans son triste royaume. Aucune déesse ne consentait à s'unir à lui : c'est pour cela qu'il enleva la fille de Cérès, la belle et chaste Proserpine.

Ce dieu était généralement haï et redouté ; il avait peu d'autels et de temples. On lui sacrifiait dans l'ombre des taureaux noirs, et quelquefois des victimes humaines. On les immolait par couples, parce que le nombre pair, nombre funeste, était agréable au dieu des Enfers, tandis que le nombre impair plaisait aux divinités du Ciel. Le cyprès, le narcisse et la capillaire lui étaient consacrés. Ses prêtres étaient couronnés de cyprès, l'arbre des tombeaux.

On représente ordinairement Pluton sur un trône d'ébène, qu'entourent les Furies et les Parques, et d'où découlent les fleuves des Enfers. Sa main droite est armée d'un sceptre à deux pointes ; quelquefois il tient une verge destinée à chasser les ombres, ou une épée. Souvent aussi on le place sur un char d'or ou d'airain, traîné par quatre chevaux noirs, Orphnée,

Fig. 37. — Pluton, les Parques et les Furies.

Éthon, Nyctée et Alastor. On lui donne quelquefois le nom de Dis et celui d'Orcus.

Questionnaire.

Quel était le roi des Enfers? — Quelle était la femme de Pluton? — Comment Pluton était-il adoré? — Comment le représente-t-on?

3. MINISTRES DE PLUTON.

MINOS, ÉAQUE ET RHADAMANTHE.

Les juges des Enfers avaient été des rois de la terre renommés par leur sagesse. Minos, fils de Jupiter et d'Europe, fut le législateur et un des premiers rois de l'île de Crète. La sagesse de son gouvernement et son équité l'appelèrent, après sa mort, aux fonctions de juge des Enfers. Il était le président de la cour infernale, et décidait souverainement du sort des ombres. Il tenait un sceptre à la main, et agitait l'urne fatale qui renfermait les destinées des hommes. Auprès de lui étaient Éaque et Rhadamanthe. Éaque, fils de Jupiter et d'Égine, régna dans l'île d'Énopie, qu'il nomma Égine en l'honneur de sa mère. Aux Enfers, il prononçait leur sentence aux morts de l'Europe. Rhadamanthe avait dans son ressort ceux de l'Asie. Ce prince était frère de Minos. Obligé de quitter la Crète après le meurtre involontaire de l'un de ses frères, il s'était retiré en Lycie, où il fonda une colonie qu'il administra avec sagesse. Il épousa, dit-on, Alcmène, mère d'Hercule, après la mort d'Amphitryon. Les décisions de ces deux juges étaient soumises à Minos.

LES FURIES.

Les Furies, nées, selon Hésiode, du sang d'Uranus fécondé par la Terre, et, selon d'autres, de la Nuit et de l'Achéron, étaient les ministres des vengeances de Pluton. Elles exécutaient les arrêts de Minos. On en compte trois : Tisiphone, Mégère et Alecton. On les représente avec un air sévère et menaçant : des serpents entrelacés sifflent autour de leur tête; elles tiennent d'une main une torche enflammée et de l'autre un fouet de couleuvres. Les mortels, pour apaiser ces terribles déesses, leur donnaient le nom d'Euménides ou déesses bienveillantes. Cette flatterie de la peur ne les apaisait point. Ces divinités sont le symbole des remords qui déchirent le cœur des coupables.

LES PARQUES.

Les Parques, appelées *Mœres* par les Grecs, étaient filles de l'Érèbe et de la Nuit, ou, suivant quelques poëtes, de Jupiter et de Thémis. Ces trois sœurs présidaient à la naissance et à la vie des hommes. La plus jeune d'entre elles, Clotho, tenait la quenouille, Lachésis faisait tourner le fil, et Atropos le coupait avec ses terribles ciseaux. La quenouille était chargée de laine et de soie qui se mêlaient inégalement, suivant la destinée des mortels. Heureux ceux pour lesquels les Parques filaient de l'or et de la soie. On représente ces déesses sous la figure de femmes au visage sévère, la tête coiffée de flocons de laine blanche entremêlée de fleurs de narcisse.

CHARON [1].

Charon, le nocher des Enfers, fils de l'Érèbe et de la Nuit, transportait au delà de l'Achéron, moyennant une obole, les ombres qui lui étaient amenées par Mercure. Celles qui avaient été privées de sépulture

---

1 On prononce *Caron*.

et qui n'apportaient point le prix du passage erraient cent ans sur les bords du fleuve. Il fut emprisonné pendant un an pour avoir laissé passer Hercule vivant. On représente Charon sous la forme d'un vieil-

Fig. 38. — Charon.

lard robuste, à la longue barbe, aux yeux noirs et perçants, ombragés d'épais sourcils. Il est debout dans sa barque, et tient une rame à la main.

NÉMÉSIS.

Némésis, terrible divinité des Enfers, veillait au châtiment des crimes; elle poursuivait les coupables avec acharnement et finissait toujours par les atteindre. On la dit fille de Jupiter et de la Nécessité, ou de l'Érèbe et de la Nuit. Elle récompensait la vertu comme elle punissait le crime. On la représente avec des ailes, un gouvernail et une roue, pour exprimer la sûreté et la rapidité de sa course; d'une main, elle tient un flambeau qui éclaire les consciences; des serpents s'entrelacent sur sa tête.

Questionnaire.

Comment nomme-t-on les trois juges des Enfers? — Quel était le plus puissant des trois? — Quel était le nom des Furies? — Quelles étaient leurs fonctions? — Comment les représente-t-on? — Pluton n'avait-il pas d'autres ministres? — Quels étaient leurs noms et leurs fonctions? — Quelle était la part de chacune des Parques dans leur travail commun? — Quel était le nocher des Enfers? — Qu'est-ce que Némésis?

---

4. SUPPLICES DANS LE TARTARE. RÉCOMPENSES DANS LES CHAMPS ÉLYSÉES.

SISYPHE.

Parmi les grands coupables qui subissent dans le Tartare un châtiment éternel, on remarque d'abord le perfide Sisyphe, occupé à rouler, vers le sommet d'une montagne, une lourde pierre qui retombe toujours. Quelle fut sa vie et quel était son crime? Sisyphe, fils d'Éole et d'Énarète, fonda Corinthe, dont

il fut le premier roi. Il devint célèbre par ses ruses,
sa perfidie et ses mauvaises mœurs. A sa mort, il re-
commanda à Mérope, sa femme, de laisser son corps
sans sépulture. Il voulait ainsi éprouver son amour.
Sisyphe, en apprenant aux Enfers que ses ordres
avaient été exécutés, voulut se venger de cette coupable obéissance. Il demanda à Pluton de retourner
sur la terre, promettant de revenir sans délai; mais
il viola sa promesse. Mercure finit par le ramener de
vive force aux Enfers, où Pluton le condamna à ce
pénible et inutile travail qui semble une image des
misères de la vie.

SALMONÉE.

A côté de Sisyphe on voyait Salmonée, son frère,
tyran de l'Élide, que Jupiter avait foudroyé et précipité
dans le Tartare en punition de son orgueil. Ce prince,
voulant passer pour un dieu, fit jeter sur l'Alphée un
pont d'airain qu'il traversait sur un char dont le bruit
ressemblait au roulement du tonnerre ; pour compléter l'illusion, il jetait sur les spectateurs des torches enflammées qui imitaient les foudres de Jupiter.
Mais le dieu du ciel envoya d'en haut ses foudres
véritables, qui firent justice du faux Jupiter et de sa
parodie sacrilége.

PHLÉGYAS.

Phlégyas, fils de Mars, régnait, dans un canton de
la Thessalie, sur les Lapithes, peuple habile à manier
les chevaux. Apollon avait outragé sa fille Coronis, elle
devint mère d'Esculape. Ce prince osa piller le temple
de Delphes : le dieu irrité le tua à coups de flèches et
le précipita dans les Enfers, où il est étendu sur un

rocher dont la chute toujours imminente lui inspire un éternel effroi. Phlégyas est le père d'Ixion qui, pour un crime différent, reçoit aux Enfers un châtiment encore plus terrible.

IXION.

Ixion avait succédé à son père : il se souilla par un crime horrible, en faisant périr Dionée, son beau-père, au lieu d'acquitter la dette qu'il avait contractée avec lui en épousant Clia, sa fille. Comme ce forfait ne pouvait s'expier sur la terre, le coupable eut recours à Jupiter, qui l'admit à la table des dieux. Ixion s'éprit de Junon ; la déesse avertit Jupiter, qui se contenta de renvoyer sur la terre l'audacieux Ixion. Mais, comme celui-ci ne cessait de débiter contre le maître des dieux les propos les plus impies, Jupiter le foudroya, et ordonna à Mercure de le conduire aux Enfers et de l'attacher à une roue environnée de serpents, qui, tournant sans cesse, devait éterniser son supplice.

TANTALE.

Poursuivons notre voyage souterrain. Quel est ce malheureux que nous voyons plongé dans l'eau jusqu'à la ceinture, au-dessous d'un arbre chargé de fruits, dont les branches s'abaissent jusqu'à sa bouche ? Il a faim, il a soif : il veut boire, les eaux fuient devant ses lèvres desséchées ; il veut manger, les branches de l'arbre se retirent, et sa main essaye en vain de les saisir. C'est Tantale, roi lydien jadis puissant sur la terre. Les dieux étaient venus s'asseoir à sa table ; pour tenter leur divinité, il leur avait servi les membres de son fils Pélops. Une seule déesse, l'a-

vide Cérès, se laissa tromper ; elle dévora l'épaule de
Pélops ; mais les autres dieux ne touchèrent pas à ce
mets sacrilége. Ils ressuscitèrent Pélops et remplacèrent par une épaule d'ivoire celle que Cérès avait
mangée. Tantale fut précipité dans le Tartare. Les
poëtes ont fait de son supplice l'emblème de l'avarice
qui ne touche pas aux trésors qu'elle entasse :

> Tantale dans un fleuve a soif et ne peut boire :
> Tu ris, change le nom, la fable est ton histoire.

LES DANAIDES.

Mais voici bien un autre spectacle. Que veulent
toutes ces femmes autour du tonneau sans fond dans
lequel elles versent sans cesse une eau qui s'écoule
toujours ? Ce sont les filles de Danaüs, roi d'Argos.
Elles étaient cinquante ; Égyptus, roi d'Égypte, avait
cinquante fils ; il les maria aux Danaïdes. Danaüs, qui
savait qu'un de ses gendres devait être son meurtrier,
forcé de consentir à cette alliance, engagea ses filles
à égorger leurs époux la nuit même de leurs noces.
Toutes promirent, une seule désobéit ; ce fut Hyper-
mnestre, qui sauva Lyncée. Ses sœurs ne survécurent
pas longtemps à leur crime, et allèrent l'expier dans
les Enfers par ce supplice étrange, qui fatigue inutilement, sans relâche, leurs bras homicides.

Tels sont les principaux coupables dont la Fable raconte les crimes et les souffrances ; nous pourrions
en citer d'autres encore ; parler des Titans, enchaînés
de liens éternels aux portes du Tartare, du géant
Titye, dont le corps couvre neuf arpents, et qu'un
vautour déchire sans pitié pour le punir d'avoir in-
sulté Latone ; contempler le malheureux Thésée

assis sur un rocher qu'il n'aurait jamais quitté sans l'assistance d'Hercule, et sur lequel ce héros vagabond gémit d'avoir pénétré dans les Enfers et tenté de délivrer Proserpine ; mais nous nous sommes arrêtés assez longtemps dans ce séjour de douleurs et de ténèbres.

LES CHAMPS ELYSÉES.

Il est temps d'arriver aux champs Élysées qui nous charmeront par le contraste. Dans ces lieux fortunés règne un printemps éternel ; une douce clarté les illumine ; l'air y est pur et parfumé ; les ombres s'y promènent à travers des bocages de rosiers et de myrtes. Comme elles ont bu l'eau du Léthé, les souvenirs de la terre n'altèrent point leur bonheur ; les sages y parlent des mystères du Ciel ; les poëtes chantent des hymnes harmonieux ; les guerriers s'exercent à des combats où le sang ne coule plus ; enfin tous les justes y reçoivent le prix de la vertu et de l'innocence.

Questionnaire

Quels sont les principaux coupables punis dans les Enfers ? — Quels sont les supplices de Sisyphe, de Salmonée, de Phlégyas, d'Ixion, de Tantale et des Danaïdes ? — Sont-ce les seuls coupables qu'on remarque aux Enfers ? — Par qui Thésée fut-il délivré ? — Où arrivait-on en sortant des Enfers ? — Qu'est-ce que les champs Élysées.

CINQUIÈME PARTIE

DIVINITÉS ALLÉGORIQUES.

ALLÉGORIES. — BELLONE, LA DISCORDE, ETC.

Il serait superflu et fastidieux de nommer toutes les divinités allégoriques des anciens qui personnifiaient tous les vices, toutes les vertus, tous les sentiments de l'âme, tous les maux et tous les biens. Ce procédé avait engendré une foule innombrable de divinités ; il suffira d'en citer quelques-unes.

Bellone, personnification de la guerre, fait double emploi avec le dieu Mars. Les Grecs l'appelaient *Ényo :* on la fait tantôt sœur et tantôt femme de Mars. Elle attelait le char de ce dieu et se montrait dans les combats, en cheveux épars, une torche et un fouet à la main.

La Discorde, dont le nom explique suffisamment les attributions, recevait chez les Grecs le nom d'Éris. Hésiode la dit fille de la Nuit. Jupiter la chassa du Ciel ; elle accompagnait Bellone dans les combats. C'est elle qui jeta sur la table du festin, aux noces de Thétis et de Pélée, la pomme fatale qui fut l'occasion du jugement de Pâris et le principe de la guerre de Troie. On la représente les yeux hagards, la tête entourée de serpents et un poignard à la ceinture.

La Renommée publie les crimes et les exploits des hommes. Messagère indifférente de la vérité et de

Fig. 39. — La Renommée

l'erreur, elle va semant l'une ou l'autre à travers le

monde. Les poëtes en ont fait une déesse énorme, aux cent bouches, toute couverte d'oreilles et d'yeux, avec des ailes immenses et une trompette, emblème de sa voix puissante.

Fig. 40. — La Justice.

La Fortune présidait au bien et au mal On la représente sous la figure d'une femme aveugle, les pieds ailés. L'un d'eux porte sur une roue qui tourne sans cesse, et l'autre est en l'air.

L'Occasion est peinte sur une forme à peu près semblable; seulement le derrière de la tête est complétement chauve, et son front porte une seule mèche de cheveux qu'il faut saisir au passage.

Le Silence est révéré comme un dieu, sous le nom d'Harpocrate et de Sigalion. On le représente un doigt sur la bouche. On apprenait de lui l'art de se taire à propos, non moins difficile que l'art de bien parler.

Le Sommeil, fils de la Nuit et frère de la Mort, est le père des Songes. Son palais était un antre profond, inaccessible au soleil, et dont l'avenue était semée de pavots. On le peignait étendu sur un lit de feuillage; les Songes voltigent autour de lui, et Morphée, son ministre, entretient un silence profond dans cette sombre demeure. Un de nos poëtes cher à l'enfance, celui-là même qui fit, dit-il, deux parts de sa vie, dont il passa

> L'une à dormir et l'autre à ne rien faire,

raconte ainsi une visite à la demeure de ce dieu, dont il encensait volontiers les autels :

> Sous les lambris moussus de ce sombre palais,
> Écho ne répond pas et semble être assoupie.
> La molle Oisiveté, sur le seuil accroupie,
> N'en bouge nuit et jour, et fait qu'aux environs
> Jamais le chant des coqs ni le bruit des clairons
> Ne viennent au travail inviter la nature ;
> Un ruisseau coule auprès et forme un doux murmure
> Les simples, dédiés au dieu de ce séjour,
> Sont les seules moissons qu'on recueille à l'entour.
> De leurs fleurs en tout temps sa demeure est semée.
> Il a presque toujours la paupière fermée.
> Je le trouvai dormant sur un lit de pavots,

Les Songes l'entouraient sans troubler son repos.
De fantômes divers une cour mensongère,
Vains et frêles enfants d'une vapeur légère,
Troupe qui sait charmer le plus profond ennui,
Prête aux ordres du dieu, volait autour de lui.
Là cent figures d'air dans leurs moules gardées,
Là des biens et des maux les légères idées,
Prévenant nos destins, trompant notre désir,
Formaient des magasins de peine et de plaisir.
Je regardais,sortir et rentrer ces merveilles ;
Telles vont au butin de nombreuses abeilles,
Et tel, dans un État de fourmis composé,
Le peuple rentre et sort, en cent parts divisé.

La Vérité est fille du Temps et mère de la Vertu. On la représente sous les traits d'une vierge sans vêtements et retirée au fond d'un puits ; elle tient un miroir à la main.

La Pudeur avait des temples à Rome et à Athènes. Tantôt c'est une femme voilée, tantôt une vierge qui porte son doigt au front, pour montrer que c'est principalement sur le visage, dans les yeux et sur le front, que la pudeur doit paraître.

La Justice est représentée sous les traits d'une femme, tenant d'une main une balance dont les plateaux n'inclinent d'aucun côté ; elle tient de l'autre une épée.

La Victoire avait à Rome des autels et des temples. Il suffit d'indiquer ces allégories.

FABLE DE PSYCHÉ.

C'est ici qu'il faut placer la fiction ingénieuse d'Apulée, philosophe et romancier qui vivait dans le second siècle de l'ère chrétienne. Cette fiction, fondée sur des traditions mythologiques, est devenue trop célèbre pour être omise.

Psyché [1], jeune princesse d'une surprenante beauté qui rivalisait avec celle de Vénus, fut aimée de Cupidon. Un oracle avait annoncé qu'elle serait l'épouse d'un monstre, tyran des dieux et des hommes, et avait ordonné qu'elle fût exposée sur un rocher. Zéphyre vint l'en arracher et la transporta dans un palais délicieux, où des Nymphes la servaient avec empressement et prévenaient tous ses désirs. L'Amour y devint son époux; mais, présent pendant la nuit, il s'échappait aux premières lueurs de l'aurore. Psyché, inquiète et curieuse, voulut voir son époux, dont l'oracle avait fait un monstre. Profitant de son sommeil, elle allume une lampe, s'approche du lit, et, dans la surprise qu'elle éprouve, elle laisse tomber une goutte d'huile qui réveille l'Amour. Celui-ci s'échappe en courroux, le palais enchanté disparaît, et la malheureuse Psyché se trouve seule dans un désert. Désespérée, elle veut se donner la mort; mais son époux invisible arrête ses transports. Elle a recours aux prières; elle invoque en vain toutes les divinités. Vénus la soumet à de nouvelles épreuves, qu'elle surmonte par la secrète assistance de l'Amour. Elle pénètre jusqu'aux Enfers. Là, Proserpine lui donne une boîte avec défense de l'ouvrir. Psyché ne peut résister à sa curiosité, et de cette boîte s'échappe une épaisse fumée qui lui noircit le visage. Psyché pensait qu'elle contenait le fard qui entretient l'éternelle jeunesse des déesses. Elle s'endormit alors dans une funeste léthargie, mais l'Amour, la prenant en pitié, vint la réveiller et l'emporta au ciel, où Jupiter,

---

1. Le nom de Psyché signifie *âme*.

malgré les ressentiments et la résistance de Vénus, confirma l'union de Psyché et de l'Amour. Cette fable est le symbole de la curiosité et de ses résultats funestes. Elle a souvent exercé le pinceau des peintres, le ciseau des sculpteurs et la plume des poëtes ; elle est juste, ingénieuse et touchante.

Questionnaire.

Les anciens n'ont-ils pas divinisé les vertus et les vices, les sentiments et les passions, et d'autres faits d'ordres différents ? — Dites les plus remarquables et les plus connues de ces allégories. — Les anciens n'ont-ils pas personnifié l'âme humaine ? — Que disent-ils de Psyché ? — Quel fut le dénoûment de ses aventures ?

SIXIÈME PARTIE

HÉROS OU DEMI-DIEUX.

1. ESCULAPE.

A la tête des demi-dieux et des héros, bienfaiteurs

Fig. 41. — Esculape.

de l'humanité, nous placerons Esculape, dieu de la médecine.

Esculape ou *Asclépios*, dieu de la médecine, était fils d'Apollon et de la nymphe Coronis. Livré aux soins du centaure Chiron, il apprit de lui la connaissance des simples et l'art de guérir les maladies. Il devint si habile qu'il triomphait de la mort même. Jupiter le foudroya. Nous avons vu dans l'histoire d'Apollon quelles furent les suites de cet événement. Jupiter plaça Esculape dans la voûte céleste, où il forma la constellation du Serpentaire. Le culte d'Esculape se répandit dans la Grèce et dans l'Italie. Il fut le père de Machaon et de Podalire, médecins fameux, qui commencèrent la famille des Asclépiades.

On représente Esculape avec une longue barbe, un coq à ses côtés, et tenant à la main un bâton entouré d'un serpent. Le serpent lui avait été consacré comme emblème de la vigilance et de la prudence, si nécessaires dans l'exercice de la médecine.

Questionnaire.

Quel est le dieu de la médecine? — Quel fut le maître d'Esculape? — Comment mourut Esculape?

---

2. HERCULE.

NAISSANCE ET ÉDUCATION D'HERCULE.

Hercule, nommé par les Grecs *Héraclès* ou *Alcide*. dieu de la force, est le fils de Jupiter et d'Alcmène. Junon envoya près du berceau d'Hercule deux serpents monstrueux que l'enfant étouffa sans peine. Ce fut son premier exploit. Les poëtes, oubliant sans doute la haine de Junon contre Hercule, ont supposé que cette déesse l'allaita, et qu'une goutte de son lait traça dans le ciel cette longue zone blanche qu'on appelle la voie Lactée. Pendant qu'Alcmène portait Hercule dans son sein, Nicippe, femme de Sthénélus, roi d'Argos, était enceinte. Junon fit déclarer par Jupiter que celui des deux enfants qui naîtrait le premier aurait tout pouvoir sur le second ; elle hâta la délivrance de Nicippe, qui fut mère d'Eurysthée, et celui-ci, s'associant aux ressentiments de Junon, imposa au jeune Hercule les plus rudes épreuves.

Ce fut pour obéir aux ordres de ce prince qu'il entreprit les exploits connus sous le nom des douze travaux d'Hercule, que nous allons bientôt raconter.

L'éducation d'Hercule fut mise en bonnes mains. Euryte, roi d'OEchalie, lui enseigna à tirer de l'arc ; Castor, fils de Jupiter et de Léda, lui apprit à combattre à cheval ; Autolycus à conduire un char ; Linus, fils d'Apollon et d'une Muse, à jouer de la lyre ; et Chiron lui donna les leçons de la science et de la morale. Hercule profita de tous ces enseignements ; seulement, rebelle à la musique, il cassa son instrument sur la tête de Linus, qui resta mort sous le coup.

Le philosophe Prodicus de Céos racontait sur Hercule un apologue qui, pour être d'un âge postérieur au reste de la fable de ce héros, n'en mérite pas moins d'être recueilli à cause de sa haute signification morale. Un jour, dans sa jeunesse, Hercule avait rencontré, à l'issue de deux chemins, deux femmes extraordinaires dont chacune l'avait engagé à la suivre, la première en lui offrant toutes les joies et toutes les jouissances de la vie, la seconde en lui promettant, au bout de rudes labeurs, pour récompense de ses

travaux, la faveur des dieux immortels. La première
était la Volupté, la seconde était la Vertu. Hercule
suivit la seconde, et obtint ainsi d'être admis au rang
des dieux.

LES DOUZE TRAVAUX D'HERCULE.

Voyons maintenant quels furent les travaux accom-
plis par Hercule pendant qu'il fut soumis aux ordres
d'Eurysthée. Un lion furieux ravageait la forêt de
Némée ; Hercule s'avança contre lui : en vain le
monstre vomit-il des tourbillons de flamme et de
fumée, Hercule l'étreint de ses bras puissants, le ter-
rasse, le frappe de sa massue, arme terrible formée
du tronc d'un arbre, et le dépouille de sa peau, qu'il
porta depuis comme monument de sa victoire. Les
marais de Lerne nourrissaient depuis longtemps un
monstre né de Typhon et d'Échidna, l'hydre aux sept
têtes. Une tête tranchée renaissait aussitôt plus terrible. Hercule les abattit toutes d'un seul coup, et le
monstre fut vaincu. Hercule trempa ses flèches dans
le sang de l'hydre, et ce poison rendit mortelles toutes
les blessures qu'elles faisaient. Une biche aux cornes
d'or, aux pieds d'airain, avait déjoué les efforts et
l'adresse des chasseurs de l'Arcadie, tant sa course
était rapide ; Hercule l'atteignit, l'enchaîna vivante et
l'apporta à Eurysthée. Le sanglier d'Érimanthe eut le
même sort. Eurysthée, à la vue de ce monstre, se
cacha d'effroi dans une cuve d'airain. Le lac Stym-
phale, en Arcadie, était le repaire d'oiseaux de proie
dressés au combat par Mars lui-même ; ils avaient la
tête, les ailes et le bec de fer ; leurs serres étaient cro-
chues, et ils lançaient sur leurs ennemis des traits
d'airain. Les cadavres de leurs nombreuses victimes

empestaient l'air. Hercule les extermina à coups de flèches. Neptune avait envoyé dans la Crète un taureau monstrueux qui désolait le pays ; il fut dompté par Hercule, et mis aux pieds d'Eurysthée. La fange et le fumier encombraient les écuries d'Augias, roi d'Élide : le héros détourna l'Alphée de son cours, et les eaux du fleuve emportèrent toutes les immondices. Tous ces exploits ne désarmèrent point Eurysthée : soumis aux ordres du tyran, Hercule vainquit les Amazones et emmena en captivité leur reine Hippolyte, qu'il fit épouser à Thésée, son compagnon dans cette expédition. Géryon, roi de l'île d'Érythie ou Gadès (Cadix), monstre à trois corps, nourrissait ses bœufs de la chair de ses sujets. Un chien à deux têtes gardait les troupeaux du tyran. Chien et tyran sont tués par Hercule. Il triompha de Diomède, roi de Thrace, qui nourrissait ses cavales de chair humaine. Ce monstre, vaincu par Hercule, servit à son tour de pâture à ses chevaux. Le jardin des Hespérides était gardé par un dragon à sept têtes qui en défendait l'entrée. Hercule y pénètre après en avoir tué le gardien. Le géant Atlas cueillit les pommes d'or qui croissaient dans ce jardin fameux ; pendant ce travail, Hercule, prenant la place d'Atlas, porta le monde sur ses robustes épaules. Hercule descendit en outre deux fois aux Enfers, la première pour délivrer Thésée qu'il ramena sur la terre, après avoir enchaîné Cerbère ; et la seconde, pour aller chercher Alceste, femme d'Admète, roi de Thessalie, qui s'était dévouée à la place de son époux. Cette fois le héros combattit la Mort même et la vainquit.

DERNIERS EXPLOITS, MORT ET APOTHÉOSE D'HERCULE.

Hercule, enfin délivré de la tyrannie d'Eurysthée après l'accomplissement de ses douze travaux, parcourut la terre, prenant partout la défense des opprimés et faisant justice des oppresseurs ; il prit part à l'expédition des Argonautes et délivra, en passant, Hésione, fille de Laomédon ; mais, arrivé en Mysie, il s'arrêta à la recherche du jeune Hylas, son compagnon, que les Nymphes d'une fontaine avaient enlevé au moment où il y puisait de l'eau destinée aux Argonautes. Pendant un voyage en Libye, il lutta contre le géant Antée, roi d'Irasa, fils de Neptune et de la Terre. Hercule le terrassa trois fois ; mais, le géant reprenant de nouvelles forces en touchant la terre, Hercule le souleva et l'étouffa dans ses bras. Antée se flattait d'élever un temple en l'honneur de Neptune, avec les crânes de ses victimes. Ce fut encore en Libye qu'Hercule soutint un risible combat contre les Pygmées, peuple de nains, qui l'enchaînèrent pendant son sommeil ; à son réveil le héros bris tous ses liens, et retint une partie de l'armée ennemie prisonnière dans le creux de sa main. En Espagne, Hercule laissa des traces de son passage par deux exploits différents : il tua Busiris, qui immolait impitoyablement tous les étrangers qui abordaient dans son royaume. Arrivé aux limites de l'Europe et de l'Afrique, Hercule rompit l'isthme qui réunissait ces deux parties du monde ; séparant Calpé d'Abyla, il fraya un passage à l'Océan et à la Méditerranée qui se confondirent au détroit de Gibraltar. Nous trouvons encore Hercule délivrant l'Italie des brigandages de

Cacus, fils de Vulcain : il faut lire dans le poëme de Virgile le récit de ce combat.

Les dernières années de la vie d'Hercule sont moins glorieuses ; les faiblesses s'y mêlent aux exploits. Il dispute Déjanire, fille d'Œnée, au fleuve Achéloüs. Après avoir vaincu ce rival redoutable, il emportait son épouse, lorsque, arrêté par un cours d'eau, il la confie au centaure Nessus, qui doit la conduire sur la rive opposée. Le perfide Nessus entreprend de l'enlever ; Hercule, indigné de cette trahison, décoche une flèche qui blesse mortellement le centaure. Celui-ci, avant d'expirer, donne à Déjanire sa tunique teinte de sang, comme un talisman capable de faire revivre l'amour d'Hercule. L'infidélité du héros donna bientôt à Déjanire l'occasion de s'en servir. Hercule s'éprit d'Iole, fille d'Eurytus, qui lui avait enseigné à manier l'arc. Eurytus avait promis sa fille à celui qui pourrait le vaincre dans un combat singulier. Le roi vaincu par Hercule refusait de tenir sa promesse : celui-ci le précipita du haut d'une tour. Cette violence coûta cher au héros ; l'oracle prédit qu'il serait esclave pendant trois ans. Omphale, reine de Lydie, donna raison à l'oracle. Elle asservit Hercule, qui vécut auprès d'elle soumis à tous ses caprices, s'habillant en femme et tenant sa quenouille. Délivré de ce honteux esclavage, Hercule revint auprès d'Iole. Déjanire, pour rappeler son amour, lui envoya alors la tunique de Nessus ; à peine Hercule en fut-il revêtu qu'elle s'attacha à sa chair, et qu'un feu dévorant circula dans ses veines. Les atroces douleurs qu'il éprouvait le mirent en fureur ; il saisit Lychas, son héraut, et le précipita dans la mer. Enfin, poussé à bout par la douleur, il dresse lui-même un bûcher, remet à Philoctète, son compa gnon, ses flèches terribles, et ordonne à son ami fidèle de mettre le feu au bûcher, qui doit consumer ses restes mortels. Ainsi mourut Hercule, sur le mont

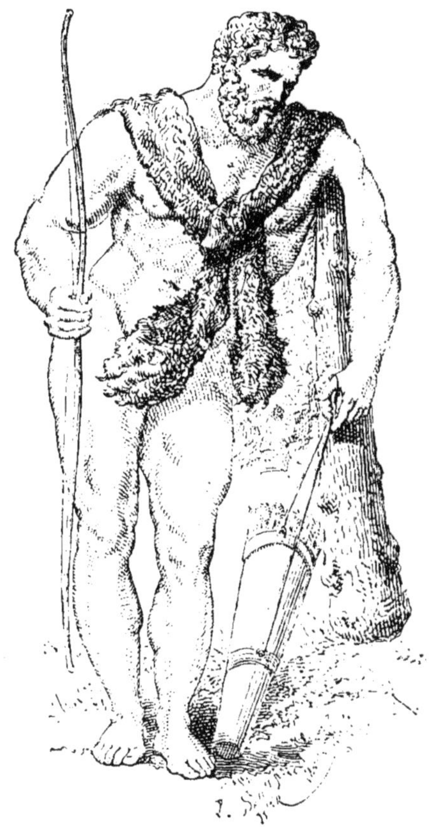

Fig. 42. — Hercule.

OEta. Après ce sacrifice, Jupiter appela son fils dans l'Olympe, l'admit à la table des dieux, et lui donna pour épouse Hébé, déesse de la jeunesse.

Telle est l'histoire de ce héros, qu'on représente

sous les traits d'un homme robuste ; il tient à la main
la redoutable massue, instrument de ses exploits ; la
peau du lion de Némée couvre ses épaules ; il porte
un arc, et un carquois renferme ses flèches.

Questionnaire.

Quel est le dieu de la force ? — Quel fut le premier exploit
d'Hercule ? — Comment fut-il soumis à Eurysthée, roi d'Argos ?
— Comment Eurysthée usa-t-il de son pouvoir ? — Qu'entend-on
par les douze travaux d'Hercule ? — Sont-ce les seuls exploits
d'Hercule ? — Que fit-il en Libye et en Espagne ? — en Italie ? —
Les exploits d'Hercule ne furent-ils pas ternis par quelques faiblesses ? — Quelle fut la cause de sa mort ? — Que devint-il après
sa mort ?

3. PERSÉE.

Persée était fils de Jupiter et de Danaé. Acrisius,
roi d'Argos, père de cette princesse, informé de la
naissance de Persée, essaya d'échapper à l'accomplissement de l'oracle qui lui avait annoncé qu'il périrait de la main de son petit-fils. Ayant pris la résolution de faire périr avec la mère l'enfant qui devait
lui ravir un jour la couronne et la vie, Acrisius ex-
posa Danaé et son fils aux flots de la mer, sur une
petite nacelle ; mais son espoir fut trompé, la protection de Jupiter sauva Persée et sa mère ; la nacelle
aborda sur les côtes de Sériphe, une des Cyclades.
Polydecte, roi de Sériphe, fit élever Persée avec ses
enfants ; aspirant à la main de Danaé, il voulut éloigner son fils. Il convia à ses noces tous ses courti-
sans, à la charge de lui amener un cheval. Persée
n'était pas en état de le satisfaire, mais il promit d'apporter en échange la tête de Méduse. Polydecte, pen-

sant que le téméraire périrait dans son entreprise, accepta sa proposition. Persée triompha par le secours
de Pluton qui lui prêta son casque, de Minerve qui
lui donna son bouclier, et de Mercure qui détacha en
sa faveur les ailes de sa tête et de ses talons, et arma
sa main d'une épée de diamant. Le jeune héros ainsi
équipé alla d'abord auprès des Grées, sœurs des Gorgones, qui n'avaient entre elles qu'une dent et qu'un
œil, qu'elles se passaient tour à tour. Grâce au casque
de Pluton, qui le rendait invisible, Persée déroba cet
œil et cette dent, et ne consentit à les rendre que si les
Grées lui révélaient la retraite des Gorgones. Persée
se dirigea alors vers le lieu indiqué, au delà de l'Océan
occidental ; il trouva les Gorgones endormies : c'en
était fait de lui s'il les eût regardées en face, car leur
seul aspect l'aurait pétrifié. Il s'avança donc vers les
Gorgones à reculons ; il les voyait dans le bouclier
de Minerve, comme dans un miroir ; lorsqu'il fut à
portée, il trancha, d'un coup de son épée, la tête de
Méduse ; du sang de ce monstre naquit Pégase,
cheval ailé qui s'éleva aussitôt dans les airs et s'abattit
sur l'Hélicon, où il devint le coursier des Muses.

Après cet exploit, Persée, porté par les ailes de
Mercure, arriva dans la Mauritanie où régnait le
géant Atlas. Celui-ci refusa de le voir ; Persée lui
montra la tête de Méduse et le transforma en cette
montagne qui a conservé le nom d'Atlas. Cette vengeance tirée, il poursuivit sa route à travers les airs.
Sur les côtes de l'Éthiopie, il aperçut Andromède,
fille de Céphée, attachée à un rocher, et près de
devenir la proie d'un monstre marin. Persée promit
de la délivrer, si son père consentait à la lui donner en
mariage. Le héros s'élança sur le monstre et lui tran-

cha la tête. Phinée, oncle d'Andromède, voulut s'opposer à l'hymen de Persée : entouré d'hommes armés, il pénétra dans le palais et tenta d'enlever sa nièce ; mais Persée le pétrifia lui et les siens, en leur montrant la tête de Méduse. Il arriva enfin à l'île de Sériphe, apportant le trophée qu'il avait promis ; il trouva sa mère exposée aux violences de Polydecte, mais protégée par Dictys, frère du tyran. Persée montra la tête de Méduse à Polydecte, qui fut incontinent changé en pierre, et il donna son trône au fidèle Dictys. Après ce nouvel exploit, le héros rendit aux dieux les armes dont il s'était servi pendant le cours de son voyage.

De Sériphe, il s'embarqua pour le Péloponèse avec Danaé, sa mère, et Andromède, son épouse ; il prit part aux jeux que Teutamias, roi de Larisse, célébrait en l'honneur de son père ; un disque qu'il avait lancé alla frapper un vieillard assis parmi les spectateurs ; ce vieillard, c'était Acrisius lui-même, qui était venu chercher un asile à la cour du roi de Larisse, en apprenant le retour de son petit-fils dans le Péloponèse. Ainsi, croyant échapper à l'oracle, il en préparait lui-même l'accomplissement. Cette mort, qui mit Persée au désespoir, le rendit maître d'Argos ; mais il céda cette ville à Mégapenthe, et reçut en échange Tirynthe où il régna paisiblement. On ignore en quel temps et de quelle manière il mourut.

Questionnaire.

De qui Persée était-il fils ? — Que fit Acrisius pour faire périr son petit-fils ? — Comment Persée fut-il sauvé ? — Comment Persée triompha-t-il de Méduse ? — Que fit Persée après cet exploit ? — Quelle fut la fin du voyage de Persée ?

4. BELLÉROPHON.

Hipponoüs, fils de Glaucus, roi d'Éphyre (ancien nom de Corinthe), reçut le nom de Bellérophon, après avoir tué par mégarde à la chasse son frère Bellérus. Forcé de s'expatrier, il passa à la cour de Prœtus, roi

Fig. 43. — Bellérophon combat la Chimère.

d'Argos. Sténobée, femme de ce prince, conçut pour Bellérophon une violente passion, que celui-ci dédaigna. Sténobée l'accusa auprès de son mari ; mais Prœtus, ne voulant pas violer l'hospitalité par un meurtre, envoya celui qu'il croyait coupable vers Iobate, roi de Lycie et père de Sténobée. Les lettres que portait Bellérophon dénonçaient son crime prétendu et demandaient vengeance. Iobate ne les ouvrit qu'après avoir fêté son hôte pendant neuf jours : ne pouvant se décider à le frapper, il l'envoya combattre la Chimère, monstre terrible, formé de têtes et de corps de lion et de chèvre combinés, et d'une queue de serpent. Bellérophon triompha de la Chimère à l'aide du cheval Pégase que Minerve lui avait prêté, et il tua les soldats apostés pour le faire périr à son retour. Iobate, persuadé par ces marques de l'innocence de Bellérophon, lui donna sa fille et partagea son royaume avec lui. On a dit que Bellérophon, monté sur Pégase, avait voulu s'élever jusqu'au ciel, et que Jupiter envoya contre lui un taon qui fit cabrer le coursier et désarçonna le cavalier. Bellérophon retomba sur la terre, où il erra depuis, en proie à une profonde mélancolie.

Questionnaire.

Qu'est-ce que Bellérophon ? — Que lui arriva-t-il dans son exil ? Comment fut-il vainqueur de la Chimère ? — Que devint-il ensuite ? — Bellérophon n'éprouva-t-il pas une catastrophe ?

5. THÉSÉE.

Thésée naquit à Trézène ; il était fils d'Égée, roi des Athéniens, et d'Éthra, fille du roi de Trézène. Il fut élevé à la cour du sage Pitthée, père de sa mère. Encore enfant, il montra son courage en s'armant contre la peau du lion de Némée qu'Hercule avait déposée dans le palais de Pitthée. L'enfant croyait avoir affaire à un lion et n'en fut pas intimidé. Ce fut la source de l'amitié qui l'unit à Hercule.

A peine âgé de seize ans, il se mit en campagne pour courir les aventures, à l'exemple du fils de Jupiter, emportant l'épée de son père que celui-ci, avant de quitter Trézène, avait cachée sous un rocher. Il tua

Fig. 44. — Thésée.

Sinnis, Sciron et Procuste [1]. Ce fut probablement à

---

1. Sinnis, brigand fameux, avait son repaire sur les bords de l'isthme de Corinthe ; il attachait les étrangers aux extrémités de deux pins qu'il courbait et qui déchiraient ses victimes en se redressant. — On dit la même chose de Sciron. — Procuste, brigand de l'Attique, étendait les voyageurs sur un lit de fer ; il leur coupait l'extrémité des jambes, si elles dépassaient le lit, et les faisait allonger avec des cordes lorsqu'elles n'en atteignaient pas le bout.

cette époque qu'il accompagna Hercule dans son expédition contre les Amazones, et qu'il épousa leur
reine Antiope ou Hippolyte ; il en eut un fils du
même nom, dont nous parlerons plus tard. Après ces
exploits, il vint à Athènes pour s'y faire reconnaître.
Comme il avait été élevé secrètement, et qu'Égée ne
l'avait pas vu depuis sa naissance, il ne le connaissait pas. A l'arrivée de Thésée, la magicienne Médée
gouvernait Athènes sous le nom d'Egée. Cette femme
perfide voulut empoisonner Thésée qui lui inspirait
des soupçons ; mais, au moment où le jeune héros
allait boire dans la coupe fatale, Égée le reconnut à
son épée. Thésée déjoua bientôt une conspiration
ourdie par la puissante famille des Pallantides, et
soumit un taureau furieux qui désolait la plaine de
Marathon. Il le prit vivant, le promena dans les rues
d'Athènes, et l'immola ensuite à Minerve et à Apollon.

Minos, roi de Crète, pour venger la mort de son fils
Androgée que les Athéniens avaient assassiné, avait
soumis ce peuple à un tribut annuel de six jeunes
garçons et de six jeunes vierges, que le Minotaure,
monstre à tête de taureau, dévorait dans le labyrinthe. Thésée, sans attendre la décision de son père,
se présenta pour le combattre et délivrer sa patrie
de ce honteux tribut. Ariane, fille de Minos, touchée
de ses dangers, lui donna un fil qui devait le gui-
der dans le labyrinthe et favoriser son retour s'il
demeurait vainqueur. Thésée, après sa victoire, emmena avec lui les deux filles du roi, Ariane et Phèdre ; il abandonna la première dans l'île de Naxos. Il
aurait pu laisser les deux sœurs sur le même rocher,
mais il emmena Phèdre à Athènes, pour leur commun
malheur. Thésée avait promis, s'il revenait vainqueur,

de remplacer par des voiles blanches les voiles noires de son vaisseau. Il oublia cette promesse, et son père, à la vue du vaisseau et de ses voiles funèbres, se précipita dans la mer, qui depuis porta le nom d'Égée.

Thésée, paisible possesseur du trône d'Athènes, réunit dans l'enceinte de la ville les douze bourgades établies par Cécrops; il fit des lois sages et populaires. Après s'être lié d'amitié avec Pirithoüs, roi des Lapithes, il reprit avec ce prince sa vie aventureuse. Il se trouva avec lui dans la guerre des Centaures, à l'expédition des Argonautes et à la chasse du sanglier de Calydon. Il enleva Hélène, à peine âgée de dix ans; mais les frères de cette princesse, Castor et Pollux, la reprirent et s'emparèrent de la mère de Thésée, qui devint l'esclave d'Hélène. Thésée et Pirithoüs formèrent le hardi dessein d'enlever Proserpine, mais leur projet échoua; ils furent tous deux retenus aux enfers, et Thésée n'en sortit que par le secours d'Hercule. Pendant sa captivité, le bruit de sa mort s'était répandu dans Athènes; Phèdre avait voulu porter Hippolyte, son beau-fils, à l'épouser. Ce vertueux jeune homme avait refusé avec horreur ces offres coupables. Phèdre l'accusa, au retour de Thésée, du crime qu'il n'avait pas voulu commettre. Thésée appela sur son fils la colère de Neptune. Le dieu des mers envoya un monstre marin qui effraya les chevaux d'Hippolyte : le jeune héros fut renversé de son char et mis en lambeaux. Phèdre justifia Hippolyte en se donnant la mort; mais Thésée eut à pleurer la mort de son fils innocent et son propre déshonneur. La révolte des Athéniens mit le comble à ses disgrâces; il se réfugia chez Lycomède, roi de Scyros, qui le fit précipiter du haut d'un rocher. Plus tard,

les enfants de Thésée, rappelés sur le trône de leur
père, rendirent de grands honneurs à sa mémoire, et
les Athéniens ne cessèrent de vénérer en lui un héros
et un bienfaiteur.

Questionnaire.

De qui Thésée était-il fils? — Ne fut-il pas élevé loin de son
père? — Quels sont les premiers exploits de Thésée? — Que fit-il
lorsqu'il fut reconnu par son père? — Ne se dévoua-t-il pas pour
affranchir les Athéniens d'un tribut qu'ils payaient aux Crétois? —
Thésée n'enleva-t-il pas les filles de Minos? — Retrouva-t-il son
père à son retour? — Thésée n'eut-il pas d'autres aventures? —
Qu'arriva-t-il à Hippolyte, son fils? — Que trouva-t-il à son retour
dans Athènes? — Comment mourut Thésée?

6. EXPÉDITION DES ARGONAUTES.

Le roi de Colchide, Éétès, avait fait périr Phryxus
et Hellé, qui, fuyant la vengeance d'Athamas, roi de
Thèbes, s'étaient échappés, portés par un bélier à la
toison d'or. Le tyran s'était approprié ce riche trésor.
Jason, fils d'Éson et d'Alcimède, avait été dépouillé
de l'héritage de son père, par l'usurpateur Pélias;
celui-ci promit à ce jeune prince de lui rendre son
trône, s'il parvenait à reconquérir la toison d'or. L'entreprise était périlleuse; elle tenta le courage du
jeune héros. Jason fit équiper un vaisseau, qui reçut
le nom d'*Argo*[1], et appela tous les guerriers de la
Grèce à partager les périls et la gloire de son entreprise. Le navire partit d'Iolcos, en Thessalie, monté

---

1. Ce vaisseau fut construit avec un bois coupé sur le mont Pélion; il avait
cinquante rames, et son mât était formé d'un chêne de la forêt de Dodone,
qui conserva sa vertu prophétique.

par plus de cinquante guerriers, parmi lesquels on distinguait Hercule, Thésée, Castor et Pollux, Nestor, roi de Pylos, jeune encore, et qui se distingua plus tard à la guerre de Troie. Tiphys, qui avait construit ce vaisseau avec les conseils de Minerve, en fut le pilote ; Orphée devait charmer l'ennui du voyage par ses chants et les sons de sa lyre. Le commandement fut remis à Hercule ; mais, lorsque le vaisseau fut arrivé en Mysie, Hercule s'avança dans les terres à la recherche d'Hylas, et, comme il tardait à revenir, Jason fit continuer le voyage et devint le chef de l'expédition. Les Argonautes s'arrêtèrent d'abord à l'île de Lemnos, où ils furent accueillis avec empressement par les femmes qui venaient d'égorger tous les hommes, et se trouvaient maîtresses du pays. Les héros voyageurs y séjournèrent pendant deux ans, et Jason y devint l'époux d'Hypsipyle, reine de Lemnos, qu'il abandonna pour continuer son voyage. Après bien des aventures, des combats et des tempêtes, les Argonautes arrivèrent enfin devant la capitale de la Colchide. Jason alla réclamer d'Éétès la toison d'or. Celui-ci consentit à la restituer, si Jason parvenait à dompter deux taureaux furieux qui vomissaient des flammes, s'il les attelait à une charrue, s'il labourait un champ étendu, et s'il y semait les dents d'un dragon terrible qu'il fallait combattre et vaincre. Jason accepta ces dures conditions, et les remplit avec l'aide de Médée, fille du roi et magicienne puissante, qu'il promit d'épouser en reconnaissance du secours qu'elle lui procurerait. Les dents du dragon, à peine semées, engendrèrent des guerriers qui s'entre-tuèrent, et dont la mort permit à Jason de mettre la main sur la toison d'or. Maître de ce trésor,

Jason s'enfuit avec Médée et ses compagnons. Éétès
envoya à leur poursuite Absyrte son fils, et se mit en
marche derrière lui. Les membres de son fils, déchirés
par Médée et semés sur la route, retardèrent sa
course. Cette ruse atroce sauva les deux amants, qui
purent regagner leur vaisseau. Le retour fut lent et
périlleux ; la vengeance des dieux poursuivit les meur-
triers d'Absyrte. Après avoir traversé le Palus-Méotide,
ils abordèrent à l'île de Circé. Ils furent entraînés par
la tempête au delà des colonnes d'Hercule. Ramenés
dans la Méditerranée, ils échappèrent aux écueils de
Charybde et de Scylla, par la protection de Thétis,
amante de Pélée, l'un des Argonautes. Orphée, par
l'harmonie de sa lyre, les rendit insensibles aux chants
des Sirènes. Enfin ils arrivèrent à l'île des Phéaciens,
où les atteignit la flotte qu'Éétès avait envoyée à leur
poursuite. Les agents d'Éétès réclamèrent vainement
Médée, qui s'unit, la nuit même, à Jason, par un mariage improvisé. De nouvelles tempêtes jetèrent le vaisseau sur les côtes d'Afrique ; mais, après bien des
traverses, il aborda au cap Malée, dans le Péloponèse,
où Jason fut purifié du meurtre d'Absyrte. Ainsi se
termina l'expédition des Argonautes ; mais de nouvelles épreuves attendaient Jason. Pélias refusa de
lui rendre son trône. Médée, pour se venger de cette
trahison, persuada aux filles de l'usurpateur qu'elles
pourraient rajeunir leur père, comme elle avait rajeuni
Éson, père de Jason. Ces filles trop crédules dépecè-
rent le vieillard, dont les membres furent jetés dans
une chaudière bouillante. Médée les laissa bouillir, et
ne rendit à Pélias ni la vie ni la jeunesse. Ce crime fut
inutile : Acaste monta sur le trône de son père, et
força Jason et Médée à s'enfuir à Corinthe. Là, l'in-

constant Jason s'éprit de Créuse, fille du roi Créon. Médée essaya inutilement de rompre cette alliance par les prières; elle la prévint par un crime : elle fit périr la fiancée de Jason, égorgea en sa présence ses propres enfants, et s'enfuit sur un char attelé de dragons ailés. Jason mena depuis une vie errante et misérable. Médée lui avait prédit qu'il périrait sous les débris du vaisseau des Argonautes, et il fut écrasé par une poutre qui s'en détacha. Jason reçut après sa mort les honneurs réservés aux héros.

Questionnaire.

Quel était le but de l'expédition des Argonautes ? — Quel fut le héros et le promoteur de cette expédition ? — Comment Jason s'empara-t-il de la toison d'or ? — Que fit-il ensuite ? — Comment Jason et Médée retardèrent-ils la poursuite d'Éétès ? — Quel fut le sort de Jason, de Médée et des Argonautes ? — Comment mourut Jason ?

---

7. GUERRES DE THÈBES.

FONDATION DE THÈBES. — CADMUS. — LAIUS. — ŒDIPE.

Cadmus, fils d'Agénor, roi de Phénicie, frère d'Europe, fut envoyé par son père à la recherche de sa sœur. Après bien des poursuites inutiles, il s'arrêta en Béotie, où, pour obéir à l'oracle, il jeta les fondements d'une ville nouvelle. Thèbes fut en butte aux ressentiments de Junon, qui poursuivit sur Cadmus et sa race l'enlèvement d'Europe. Cadmus, chassé du trône, alla se réfugier en Illyrie avec Hermione, sa femme, où tous deux furent changés en serpents. Polydore, leur fils, fut déchiré par des Bacchantes, et Labdacus, enlevé par une mort prématurée, ne laissa qu'un fils au berceau et entouré d'ennemis. Ce fils fut Laïus, époux de Jocaste. L'oracle avait annoncé que le fils qui naîtrait de leur alliance serait le meurtrier de son père et l'époux de sa mère. Lorsque cet enfant fut né, les auteurs de ses jours le vouèrent à la mort. L'offi-

Fig. 45. — OEdipe et le Sphinx.

cier chargé de cette exécution le suspendit par les pieds aux branches d'un arbre sur le mont Cithéron, où il allait mourir s'il n'eût été détaché par un berger que ses cris attirèrent. L'enflure de ses pieds lui fit donner le nom d'OEdipe. Cet enfant fut élevé à la cour de Corinthe, comme s'il eût été le fils de Polybe et de Péribée, qui régnaient dans cette ville.

OEdipe, trompé sur sa naissance et averti par l'oracle de la destinée qui l'attendait, s'éloigna de Polybe et de Péribée, pour échapper au parricide et à l'inceste. Il se dirigea vers la Phocide. Sur sa route il rencontre, dans un étroit passage, un vieillard qui lui dispute le pas ; il l'attaque et le tue. Ce vieillard, c'était Laïus. OEdipe était déjà parricide. Ses pas le portèrent vers Thèbes, que désolaient alors les ravages du Sphinx, monstre à trois formes, aigle, femme et lion, qui proposait aux passants une énigme, et qui les dévorait s'ils ne pouvaient en donner le mot. Jocaste, veuve de Laïus, avait promis son trône et sa main à celui qui délivrerait Thèbes de ce monstre. OEdipe se présente, devine l'énigme, triomphe du Sphinx, devient l'époux de Jocaste et roi de Thèbes. L'oracle était accompli. Bientôt une peste effroyable désola Thèbes. On eut recours à l'oracle. Tirésias et la Pythie dévoilèrent à OEdipe et à Jocaste leurs crimes involontaires. Jocaste se pendit, et OEdipe se creva les yeux ; mais il devait survivre pour être témoin et victime des malheurs de sa famille.

**PREMIÈRE GUERRE DE THÈBES. — LES SEPT CHEFS.
ÉTÉOCLE ET POLYNICE.**

OEdipe avait eu de Jocaste quatre enfants. Étéocle et Polynice, Antigone et Ismène. La pitié d'Antigone le soutint dans son infortune, mais la haine implacable de ses deux fils redoubla ses douleurs. Étéocle et Polynice ne furent pas plutôt en âge de régner, qu'ils reléguèrent OEdipe au fond de son palais, et convinrent de régner tour à tour pendant une année. Après l'expiration de la première année. Étéocle refusa de céder le trône à Polynice. Celui-ci alla implorer Adraste, roi d'Argos, qui lui promit sa fille en mariage, et arma en sa faveur une puissante armée.

Sept chefs intrépides commandaient cette armée : c'étaient Adraste, roi d'Argos, Polynice, Tydée, fils d'OEnée, roi d'Étolie, Capanée, prince argien, le devin Amphiaraüs, Hippomédon et Parthénopée. L'armée, s'étant mise en marche, entra dans la forêt de Némée, où elle institua les jeux Néméens, longtemps célèbres dans la Grèce. Après avoir traversé l'isthme de Corinthe, elle pénétra dans la Béotie. Arrivés sous les murs de Thèbes, les sept chefs s'engagèrent par un serment terrible à venger l'outrage fait à Polynice.

Ce serment fut stérile. Après plusieurs assauts vainement tentés, les frères ennemis, Étéocle et Polynice, en vinrent à un combat singulier, où tous deux périrent. On dit que leurs corps furent placés sur un même bûcher, et que la flamme des deux cadavres se divisa, comme si la haine des deux frères eût survécu à leur mort. Créon, frère de Jocaste, se trouva, par cette mort, possesseur du trône des fils d'OEdipe. Il défendit, sous peine de la vie, d'ensevelir le corps de Polynice. La pieuse Antigone voulut rendre les derniers devoirs à son malheureux frère. Jetée en prison par l'ordre de Créon, elle s'étrangla, et le fils du tyran, Hémon, amant d'Antigone, se perça de son épée en apprenant cette catastrophe.

Cependant le siége continuait. Les Thébains firent enfin une vigoureuse sortie, le combat fut très-meurtrier; Tydée et la plupart des généraux argiens y périrent. Adraste fut forcé de lever le siége. La délivrance de Thèbes, annoncée par le devin Tirésias, était due au dévouement de Ménécée, fils de Créon, qui dut acheter de son sang le salut de sa patrie.

GUERRE DES ÉPIGONES.

Cette victoire ne fut qu'un ajournement à la ruine de Thèbes; les chefs argiens avaient laissé des enfants dignes de les venger. Dix ans après l'expédition d'Adraste, Alcméon, fils d'Amphiaraüs, Égialée, fils d'Adraste, Diomède, fils de Tydée, Promaque, fils de Parthénopée, Sthénélus, fils de Capanée, Thersandre, fils de Polynice, Polydore, fils d'Hippomédon, s'armèrent pour venger l'échec de leurs pères. On les appela *Épigones* ou descendants. Cette fois, Tirésias prédit la ruine de Thèbes, et l'événement justifia sa prédiction. On en vint bientôt aux mains; les Thébains, ayant perdu la bataille, abandonnèrent la ville, qui fut livrée au pillage; Thersandre, fils de Polynice, remonta sur le trône de Laïus; mais il fut tué quelques années après en allant au siége de Troie. Après sa mort, deux princes de la même famille régnèrent successivement à Thèbes; mais, le second ayant été saisi tout à coup d'une noire frénésie, les Thébains comprirent que les Furies ne cesseraient de poursuivre le sang d'OEdipe, et ils prirent le parti d'appeler au trône une autre famille.

Questionnaire.

Par qui Thèbes fut-elle fondée? — De qui Cadmus était-il frère? — Quelle fut la cause des malheurs de la race de Cadmus et de la ville de Thèbes? — Qu'arriva-t-il au temps de Laïus, roi de Thèbes? — Racontez la naissance d'OEdipe. — Comment OEdipe accomplit-il sa funeste destinée? — Comment découvrit-il son parricide et son inceste? — Que devinrent OEdipe et Jocaste? — Quelle fut la cause de la première guerre de Thèbes? — Que fit Polynice? — Quelle fut l'issue de cette expédition? — Les chefs argiens n'eurent-ils pas des vengeurs? — Quel surnom leur a-t-on donné? — Thersandre régna-t-il longtemps?

8. GUERRE DE TROIE.

CAUSE ET PRÉPARATIFS DE LA GUERRE DE TROIE.

L'enlèvement d'Hélène fut la cause de la guerre
de Troie. Hélène était fille de Jupiter et de Léda,
sœur de Clytemnestre, de Castor et de Pollux. Sa surprenante beauté attira autour d'elle tous les princes
de la Grèce, qui se disputaient sa main. Tyndare leur
fit jurer de défendre celui auquel il donnerait la préférence. Ménélas, roi de Sparte et frère d'Agamemnon,
roi d'Argos, fut choisi. Hélène et Ménélas vivaient heureux, lorsque Pâris, fils de Priam, vint à leur cour. Ce
jeune favori de Vénus, à laquelle il avait donné le prix
de la beauté, séduisit Hélène qui consentit à le suivre.
Au bruit de ce rapt insolent, Ménélas somma les princes
grecs de s'armer contre le ravisseur. Les préparatifs de
l'expédition durèrent longtemps. Il fallut user d'artifice pour amener Ulysse, roi d'Ithaque, et Achille, fils
de Thétis et de Pélée. Ulysse contrefit l'insensé ; il promenait une charrue, attelée de taureaux furieux, sur
les bords de la mer, et semait du sel dans les sillons
de sable qu'il avait tracés. Sa fausse folie se dévoila
lorsqu'il détourna sa charrue pour épargner son fils
Télémaque. Ce même Ulysse alla tirer de sa retraite
Achille, que Thétis avait caché parmi les filles de Lycomède, roi de Scyros, pour prévenir l'accomplissement de l'oracle, qui annonçait qu'il périrait sous les
murs de Troie. Ulysse porta des présents à la cour de
Lycomède ; il mêla des armes parmi des parures de
femmes, et Achille se trahit en y portant la main.
Lorsque toute l'armée fut rassemblée, on en déféra
le commandement à Agamemnon, frère de Ménélas.

Cet honneur lui coûta cher. Les dieux mirent le départ de la flotte assemblée à Aulis au prix de la mort d'Iphigénie, sa fille, qui dut être immolée sur les autels de Diane. Enfin, après dix ans de préparatifs et d'attente, la flotte mit à la voile ; elle arriva sur les rivages de Troie, et mit le siége devant cette ville.

SIÉGE DE TROIE. — COLÉRE D'ACHILLE. — PRISE DE LA VILLE.

Le siége dura dix ans. Achille et Agamemnon se divisèrent. Chrysès, prêtre d'Apollon, était venu réclamer sa fille Chryséis, esclave d'Agamemnon. Celui-ci, forcé de la rendre, et voulant se venger d'Achille, qui avait provoqué cette restitution, ravit à ce héros Briséis sa captive. Irrité de cet outrage, le fils de Thétis se retira dans sa tente, laissant tout le poids de la guerre à Ménélas, à Diomède, fils de Tydée, aux deux Ajax, l'un fils de Télamon, et l'autre d'Oïlée, et à Idoménée, roi des Crétois. Enfin, touché de la disgrâce des Grecs qu'Hector, fils de Priam, avait repoussés jusqu'auprès de leurs vaisseaux, il consentit à revêtir de son armure Patrocle, son ami. Patrocle alla combattre Hector, et fut tué. Achille, qui avait résisté aux prières d'Ulysse et de Diomède, se laissa entraîner par le ressentiment de l'amitié; il jura de venger Patrocle. Thétis, sa mère, lui apporta de nouvelles armes, ouvrage de Vulcain. Il marcha contre Hector, tua ce héros, et traîna trois fois son corps autour des murailles de Troie. Enfin, touché des larmes de Priam qui pénétra la nuit dans sa tente, il lui rendit le corps de son fils. Bientôt, épris des charmes de Polyxène, il s'avançait vers l'autel pour y recevoir sa main, lorsqu'un trait, lancé par Paris, le frappa au talon, seule partie de son corps que les eaux du Styx, où sa mère l'avait plongé, n'avaient pas rendue invulnérable. Après la mort d'Achille les Grecs continuèrent le siége. En vain Philoctète, vaincu par les artifices d'Ulysse, avait-il rapporté les flèches d'Hercule, la ville résistait toujours. Une ruse acheva ce que la force n'avait pu accomplir. Les Grecs construisirent, par les conseils de Minerve, un immense cheval de bois, dans les flancs duquel ils renfermèrent l'élite de leurs chefs. L'armée feignit de se retirer. Les Troyens sortirent de leurs murailles, et vinrent contempler la machine que les Grecs avaient élevée. Sourds aux conseils de Laocoon, prêtre de Neptune, que les dieux ennemis punirent de sa perspicacité en le faisant étouffer par des serpents, trompés par la perfidie d'un transfuge grec nommé Sinon, ils introduisirent le cheval de bois dans leur ville, et, comme leurs portes étaient trop étroites, ils abattirent un pan de muraille pour lui donner passage. Pendant la nuit, à un signal donné, Sinon ouvrit les flancs du cheval : les héros qu'ils renfermaient en sortirent ; les Grecs, qui s'étaient avancés silencieusement jusqu'au pied des murs, pénétrèrent dans la ville par la brèche que les Troyens avaient pratiquée imprudemment. La ville fut livrée aux flammes et au pillage. Le vieux Priam périt de la main de Pyrrhus, fils d'Achille, et son empire fut détruit.

SUITES DE LA GUERRE DE TROIE.

Énée, du sang royal de Troie, fils d'Anchise et de Vénus, emmena sur ses vaisseaux les débris des vaincus : il emporta ses pénates, le palladium ou statue de Pallas, et alla fonder en Italie une ville, Lavinium, qui fut le berceau d'Albe et de Rome. Les princes grecs, pour la plupart, furent moins heureux. Le chef de l'entreprise, Agamemnon, retrouva son palais souillé par les désordres de Clytemnestre et d'Égisthe, fils de Thyeste. Cassandre, fille de Priam, prophétesse infortunée dont la voix était toujours méconnue, lui annonça vainement le sort qui l'attendait. Égisthe et Clytemnestre l'égorgèrent dans son palais. Ce crime fut vengé plus tard par Oreste, qui revint plusieurs années après faire justice des deux coupables par un nouveau meurtre. Oreste fut longtemps poursuivi par les Furies ; mais elles cessèrent de l'agiter, lorsqu'il eut délivré sa sœur Iphigénie devenue prêtresse de Diane en Tauride, et tué Thoas, qui sacrifiait des victimes humaines sur les autels de cette déesse. Oreste fit épouser à Pylade, son ami, Électre, sa sœur, et prit pour femme Hermione, fille d'Hélène et de Ménélas. Sa vie fut longue et son règne paisible. Il avait réuni Sparte au royaume de Mycènes après la mort de Ménélas.

Ulysse, dont les conseils et la valeur avaient si bien servi les Grecs pendant la guerre de Troie, erra dix ans sur les mers avant de pouvoir regagner Ithaque. Pendant cette longue course, il fit plusieurs fois naufrage. Jeté par la tempête dans l'île de Circé, il vit ses compagnons changés en animaux immondes, c'est-à-dire abrutis par les voluptés. La nymphe Calypso le retint pendant sept ans auprès d'elle. Sorti de cette longue captivité, une nouvelle tempête le jeta dans la Sicile qu'habitaient les Cyclopes. Le plus terrible d'entre eux, Polyphème, dévora quatre de ses compagnons, et tous auraient eu le même sort, si Ulysse n'eût enivré le Cyclope, crevé son œil unique, et s'ils

ne fussent sortis de la caverne sous le ventre des bé-
liers de Polyphème. Après d'autres aventures non
moins périlleuses, son vaisseau détruit, tous ses compagnons submergés, il arriva à la nage dans l'île des
Phéaciens, où il reçut d'Alcinoüs une généreuse hospitalité. Ce prince équipa un vaisseau qui conduisit
Ulysse à l'île d'Ithaque. Vingt ans s'étaient écoulés
depuis son départ. Il retrouva sa femme Pénélope en
butte aux attaques de nombreux prétendants qui se
disputaient sa main. Elle avait trompé leur impatience
en ajournant son choix jusqu'au moment où une tapisserie à laquelle elle travaillait tout le jour serait ter-
minée. Mais la nuit elle détruisait l'ouvrage du jour, et
les prétendants attendaient en se livrant à la joie des
festins. Ulysse, secondé par Eumée, gardien de ses
pourceaux, et par son fils Télémaque, tua tous ces
princes, et reprit possession de son royaume. Quelques années après, il fut tué par Télégone, fils qu'il
avait eu de la magicienne Circé.

Questionnaire.

Quelle fut la cause de la guerre de Troie ? — Combien de temps
durèrent les préparatifs de l'expédition ? — Quel en fut le chef?
— Quels étaient les principaux chefs des Grecs? — Comment les
Grecs obtinrent-ils le départ de leur flotte ? — Quels furent les
principaux événements de la guerre de Troie ? — Quelles furent
les suites de la colère d'Achille ? — Achille ne vengea-t-il pas la
mort de Patrocle ? — Comment Troie fut-elle prise ? — Que devinrent les Troyens échappés à la ruine de leur ville ? — Quel fut
le sort d'Agamemnon ? — Que devint Ménélas ? — Quelles furent
les aventures d'Ulysse? — Que trouva-t-il à son retour? — Comment mourut-il?

APPENDICE

I. CROYANCES DES INDOUS.

Il faut distinguer chez les Indiens deux époques de la mythologie : l'époque antique, dont les fables ont de grandes analogies avec celles de la Grèce, et l'époque moderne, qui a relégué au second plan les divinités et les fables anciennes pour en substituer d'autres non moins bizarres, mais d'apparence plus philosophique.

Le dieu principal de l'Inde antique était *Indra*, maître de la foudre et comparable en tout à Jupiter. Il combattait dans l'orage contre le démon *Vritra*, monstre au corps de serpent qui retenait dans ses flancs les eaux bienfaisantes de la pluie. A côté d'Indra était *Agni*, dieu du feu, et tous deux étaient servis par la troupe des *Maroutes*, vents favorables qui précipitent les nuées et attisent le feu du sacrifice. Les autres principales divinités étaient l'Aurore, les *Açvines* ou cavaliers, comparables à Castor et Pollux et représentant les deux crépuscules du matin et du soir ; *Varouna*, le ciel de la nuit, l'Uranus des Grecs ; *Aditi*, la Terre, mère de douze dieux solaires *Savitri*, *Mitra*, *Vichnou*, etc. ; le dieu des morts *Yama* ; les *Pitris* ou âmes des ancêtres, et beaucoup d'autres qu'il serait trop long d'énumérer.

Le sentiment de l'unité divine, qu'on saisit dans les fables antiques de l'Inde, apparaît plus marqué dans les fables modernes malgré ce qu'elles ont de

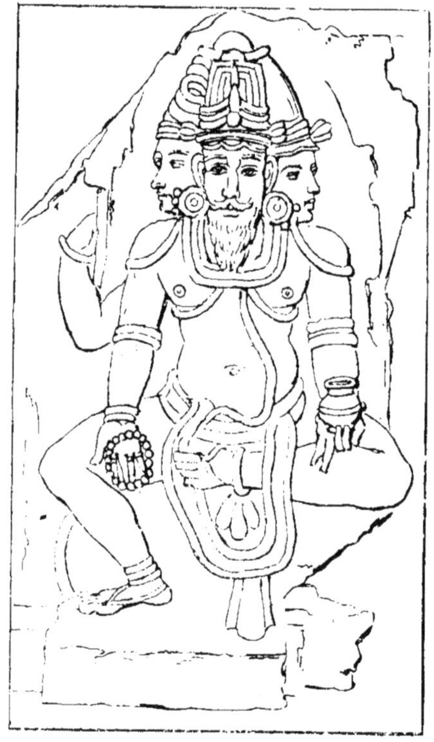

Fig. 46. — La Trimourti.

monstrueux. On y pose la notion d'un dieu suprême dont les autres ne sont que des manifestations. *Brahm* est son nom. Après lui, viennent trois dieux, *Brahmâ*, *Siva* et *Vichnou*. On raconte que *Bhavani* leur mère, heureuse de sentir l'existence, se livra à des transports de joie. Pendant qu'elle dansait, trois œufs s'échappèrent de son sein, et il en sortit Brahmâ, organisateur du monde, Vichnou, conservateur de la création, et Siva, le dieu destructeur. La réunion de ces trois divinités compose la *Trimourti*, ou Trinité indienne.

On représente la Trimourti par trois têtes sur un seul corps. La première, avec une longue barbe, figure Brahmâ. D'une main il porte la chaîne des êtres, de l'autre l'urne contenant l'eau qui féconde la terre. A sa gauche est Vichnou, à la physionomie jeune et aimable; à sa droite Siva, avec une expression de barbarie féroce.

L'œuf d'or qui renfermait Brahmâ flottait à la surface des eaux; lorsque le dieu en sortit, la coque brisée se divisa en deux parties, dont la première forma le ciel, et la seconde la terre: entre la terre et le ciel, Brahmâ plaça l'éther. Il créa successivement les astres, les plantes, les arbres et les animaux. Lorsque la terre fut préparée pour recevoir l'espèce humaine, Brahmâ tira d'abord de sa tête un homme nommé Brahmana, auquel il donna les Védas, livres sacrés, où la vérité était déposée; de Brahmana naquirent les brahmanes, destinés à entretenir la religion sur la terre; de son bras droit, Brahmâ fit sortir ensuite un guerrier pour défendre le prêtre ; puis de sa cuisse il tira un troisième homme, laboureur et commerçant, pour nourrir le prêtre et le guerrier, et pour les enrichir; enfin, un quatrième homme sortit de son pied pour être le père des artisans chargés de travailler pour tous les autres. De ces quatre créatures formées par Brahmâ, diverses par la naissance et par la couleur, sont issues les castes dont se composent les peuples de l'Inde. Une dernière caste, celle des Parias, composée du rebut des autres, est séparée des enfants de Brahmâ par l'horreur qu'elle inspire, et réunit en elle tous les opprobres et toutes les misères.

Brahmâ, après avoir organisé le monde, devint si orgueilleux et se porta à tant de violences, qu'en punition de ses attentats il fut précipité dans l'abîme par ordre de la puissance suprême, Brahm ou Bhagavat. Avant de pouvoir reprendre sa place auprès de ses frères Vichnou et Siva, dans le séjour des dieux, il parut sur la terre sous quatre formes successives, et dans des âges différents. D'abord il se montra sous la forme du corbeau poëte ; puis il prit les traits d'un paria, et le nom de Valmiki ; et, sous cette apparence, d'abord impitoyable brigand, puis austère pénitent, il commenta les livres sacrés ou les Védas qu'il avait composés avant sa chute, et produisit le grand poëme du Ramayana ; dans un siècle postérieur, il parut sous le nom de Vyasa, poëte célèbre qui a composé plusieurs des grandes épopées de l'Inde ; enfin, pendant le siècle de fer, il vint, sous le nom de Kalidasa, donner à l'Inde les poëmes dramatiques qu'on admire.

Les métamorphoses de Vichnou sont plus nombreuses que celles de Brahmâ. Comme sa fonction était de conserver le monde, toutes les fois que la terre était menacée d'une catastrophe, il ne manquait pas de venir à son secours.

Un géant avait emporté les Védas, et la terre, privée de cette source de vérité, était exposée à tomber dans la barbarie. Vichnou parcourut longtemps la terre sans atteindre le ravisseur ; il découvrit enfin qu'il s'était retiré au fond de la mer avec son larcin ; alors, prenant la forme d'un poisson, il pénétra dans la retraite du géant, le tua, et rapporta les livres sacrés parmi les hommes.

Les dieux ayant inventé un breuvage qui donnait l'immortalité, les mauvais génies, toujours en lutte contre les dieux, voulurent s'en emparer. Leur attaque fut terrible, et les combats qui se livrèrent à cette occasion bouleversèrent le monde et firent tomber le mont Mérou[1] dans la mer. La création allait retomber dans le chaos, lorsque Vichnou, prenant la forme d'une immense tortue, supporta sur son écaille le poids des mondes, et prévint la catastrophe qui aurait anéanti l'univers. Grâce à cet appui, la terre reprit sa place accoutumée, et tout rentra dans l'ordre. Toutefois, quelques gouttes du breuvage divin, mêlées aux eaux de la mer, en transformèrent une partie en un lac de lait, d'où sortirent un énorme éléphant blanc à trois trompes, et un superbe cheval à trois têtes.

Une autre fois la terre faillit disparaître ; un géant terrible, l'ayant aplatie et roulée, l'emportait au fond de l'abîme. Vichnou se métamorphosa en sanglier, se mit à la poursuite du géant, l'atteignit et le vainquit ; puis, ramassant la terre, il la rapporta sur ses défenses victorieuses. Plus tard, Vichnou prit la forme d'un lion pour triompher d'un autre géant, dont l'orgueil et l'impiété corrompaient la race humaine. Le lion divin, sortant d'une colonne, se précipita sur le monstre, et mit son corps en lambeaux.

Après ces premiers exploits, Vichnou ne paraît plus sur la terre que sous la forme humaine. Voici l'occasion de sa cinquième incarnation ou *avatar*,

---

1. Le Mérou est le séjour habituel des dieux ; c'est l'Olympe indien.

comme disent les Indous : « Le géant Bali ou Mahabali avait obtenu la souveraineté des trois mondes, et il était devenu, par sa tyrannie et son usurpation, l'objet de la colère des dieux. Vichnou se chargea de la vengeance commune. Ayant pris la figure d'un brahmane extrêmement petit, d'un nain nommé Vamana, il se présenta devant le monarque orgueilleux, et le pria de lui donner trois pas de terrain : Bali voulut bien condescendre à sa demande et y engager sa parole ; alors Vamana, développant un corps prodigieux, mesura la terre d'un pas, le ciel de l'autre, et du troisième il allait embrasser les enfers, quand le géant, tombant à genoux, reconnut humblement le pouvoir du dieu suprême. Vichnou lui laissa la souveraineté du sombre royaume[1]. »

Vichnou vint régner ensuite sur la terre, dans la personne de Rama, pour instruire les hommes et leur enseigner l'agriculture. Deux fois il parut sous le même nom. Pendant son second règne, il avait épousé Sita, femme d'une merveilleuse beauté ; elle lui fut enlevée par le géant Ravana. Rama, voulant avoir raison du ravisseur, se mit à sa poursuite. Dans cette campagne, il prit pour auxiliaires le peuple des singes, commandé par Hanouman, et une armée d'ours, terribles combattants. Chemin faisant, un bras de mer s'opposait au passage des guerriers de Rama ; mais l'industrieux et brave Hanouman, aidé de ses singes, construisit rapidement un grand pont de rochers, qui servit de passage à l'armée. Ravana ne résista pas longtemps à ses adversaires. Il fut tué dans une bataille sanglante, et Rama vainqueur retrouva sa chère

---

1. Guigniaut, *Histoire des religions de l'antiquité.*

Sita, pour laquelle il avait entrepris cette expédition lointaine.

Sous le nom de Krichna, Vichnou fut un héros bienfaisant, qui parcourait la terre en délivrant les peuples de la tyrannie des mauvais princes et des brigandages des voleurs. Il leur donnait en même temps des préceptes et des exemples de vertu.

Sa dernière apparition sur la terre nous le montre sous le nom de Bouddha, réformateur des mœurs, législateur habile et instituteur des cérémonies religieuses que célèbrent les brahmanes. Ce dernier *avatar* représente l'effort des brahmanes pour rattacher à leur propre religion le bouddhisme. En réalité, cette grande réforme du brahmanisme fut entreprise au cinquième siècle avant notre ère par un ascète nommé Çakya-Mouni, qui prétendit atteindre à la toute-puissance par la sagesse parfaite, et en prit le nom de *Bouddha*, c'est-à-dire le sage par excellence.

Les Indous attendent le retour de Vichnou, qui doit, à la fin des temps, sortir du sommeil où il est maintenant, pour mettre un terme à cette fantasmagorie qu'on appelle la vie de l'humanité. Alors il prendra la forme d'un cheval ailé, d'une blancheur éclatante, et, frappant du pied le globe terrestre, il le réduira en poussière et précipitera les méchants dans l'abîme des enfers.

Siva, quoique frère de Vichnou, fut le plus implacable de ses adversaires. Nous avons presque raconté son histoire en rapportant les exploits de Vichnou; car c'est lui qu'il rencontrait dans ses combats en faveur de la terre et des hommes, sous la forme de ces génies malfaisants ou de ces terribles géants qui menaçaient sans cesse l'œuvre de la création. « On donne à Siva cinq têtes, quatre mains et trois yeux à sa tête principale. Il est porté sur le taureau Nandi. Lorsqu'on veut le peindre menaçant et terrible, des dents aiguës et tranchantes hérissent ses gencives, le feu sort de ses lèvres béantes, des crânes humains forment un diadème sur sa chevelure flamboyante, et un collier au-dessus de sa poitrine ; des serpents s'entortillent autour de sa taille et de ses bras ; la lance, l'épée, la flamme sont dans ses mains ; le tigre a remplacé le taureau ; enfin son corps est tout entier d'un blanc cendreux, symbole terrible d'incandescence et de destructions implacables[1]. »

Telles sont les divinités et les fables principales de la mythologie des Indous. Si l'on voulait énumérer les divinités subalternes, raconter toutes les aventures qu'on leur attribue et concilier des récits contradictoires, on n'y parviendrait pas, même en multipliant les volumes.

Questionnaire.

Quelles sont les fables antiques de l'Inde ? — Quel est chez les Indiens modernes le nom du dieu suprême ? — Comment raconte-t-on la naissance des dieux ? — Quelles sont les aventures de Brahma ? — Qu'entendez-vous par les Védas ? — Quelle est l'origine des castes indiennes ? — Qu'est-ce que Vichnou ? — Combien de fois et sous quelles formes Vichnou parut-il sur la terre ? — Que fit-il sous la forme d'un poisson ? — Pourquoi prit-il successivement la figure d'une tortue, d'un sanglier et d'un lion ? — Que fit-il sous la forme du nain Vamana ? — Racontez-nous ses aventures sous le nom de Rama. — Qu'est-ce que Krichna ? — Quelle mission Vichnou remplit-il sous le nom de Bouddha ? — Quel fut le but de sa dernière apparition ? — Que savez-vous de Siva ?

---

1. Guigniaut, *Histoire des religions de l'antiquité.*

II. CROYANCES DES PERSES.

RELIGION DES ANCIENS PERSES. — ZERVANE-AKÉRÉNE. — ORMUZD.

Les peuples de la Perse, renommés par leur sagesse, ont moins que les autres nations de l'antiquité dénaturé les pures croyances de la révélation primitive. Le culte des anciens Perses était d'une simplicité extrême : il consistait dans l'adoration des éléments, comme l'eau, le feu, la terre, l'air et les vents, et dans celle de la voûte étoilée, principalement des deux astres qui la décorent, le soleil et la lune. Les fleuves recevaient aussi les hommages de ces peuples. Ils n'avaient point de temples : c'est sur les montagnes qu'ils honoraient leurs dieux.

Les Perses reconnaissaient un dieu suprême, éternel et immense, dont la durée et l'étendue sont infinies. Ils le nommaient Zervane-Akérène. Du sein de ce dieu, qui n'a pas eu de commencement et qui n'aura point de fin, sont sortis Ormuzd ou Oromaze et Ahriman.

Ormuzd est le principe de la lumière, Ahriman le principe des ténèbres ; la lumière enfante le bien dans l'ordre moral et dans l'ordre physique ; les ténèbres engendrent partout le mal. Ormuzd et Ahriman vivent dans une lutte perpétuelle ; où Ormuzd apporte la clarté, Ahriman amène à son tour l'obscurité ; ce que l'un organise, l'autre tend à le détruire. Ainsi la lumière et les ténèbres, l'ordre et la confusion, les saisons fécondes et l'hiver, les vertus et les vices se succèdent et se mêlent sous les auspices du bon et du mauvais principe ; mais un temps viendra où la défaite d'Ahriman sera consommée par son adversaire, génie tutélaire de la création.

Ormuzd, créé par Zervane-Akérène, est le créateur des sept Amschaspands, esprits bienfaisants et doués d'immortalité, et le père des Izeds, génies inférieurs destinés à verser ses bénédictions sur le monde et à veiller sur les âmes vertueuses. Ormuzd règne sur l'Iran, terre de lumière et de justice; mais son séjour est dans la plus élevée des trois sphères célestes, qui communiquent avec la terre par le pont Tchinevad, dont les abords sont gardés par des génies lumineux. Le soleil roule bien au-dessous de son trône, et semble un riche diamant à l'extrémité d'une chaîne de pierres précieuses.

AHRIMAN.

Ahriman est l'antagoniste constant d'Ormuzd; pendant que celui-ci répandait la lumière, il lui opposait les ténèbres; pour balancer la puissance des Amschaspands, génies du bien, il en créait autant de mauvais pour commander aux Devs, esprits malfaisants qui sont opposés aux Izeds dont nous avons déjà parlé. Tout ce qui trouble l'ordre de la nature, les volcans, la foudre, les tempêtes, les tremblements de terre, les maladies, sont l'ouvrage d'Ahriman, et les efforts d'Ormuzd ne tendent qu'à réparer le mal que son ennemi ne se lasse pas de faire. Sa demeure est dans les enfers; c'est de là qu'il monta sur la terre pour corrompre, sous la forme d'un serpent, Méchia et Méchiane. le premier couple issu de la tige de Reivas [1],

---

1. Arbre indien, né du sang de Kaiomorts, premier homme formé par Ormuzd et tué par Ahriman. Cet arbre mystérieux se couvrit, au lieu de branches, de dix couples humains, dont les descendants peuplèrent la terre.

et leur faire perdre le bonheur et l'immortalité. Son empire est le Touran, contrée inculte, où s'étendent de vastes déserts et des plaines désolées que parcourent des hordes nomades sanguinaires. Dans les deux premiers âges que compte la mythologie des Perses, Ormuzd eut toujours l'avantage sur Ahriman ; mais, dans la troisième période, celle où nous vivons, la lutte se soutient entre les deux principes. Pourtant le triomphe d'Ormuzd est préparé par le cours du temps, et, à la fin de cette époque de guerre, Ahriman, dont le pouvoir décroît, sera non pas anéanti, mais converti ; les ténèbres rentreront dans la lumière, les mauvais génies seront purifiés en passant par le feu qui dévorera la création visible, et l'univers ne sera plus que l'immense empire de la lumière et du bonheur. Le règne de Zervane-Akérène sera sans partage comme avant la création, et l'harmonie de tous les mondes constamment visibles plongera tous les témoins de cette scène ravissante dans une ivresse inaltérable.

MITHRA.

Le plus brillant et le plus puissant des Izeds est Mithra, ou le génie du soleil, qui est comme le médiateur entre Ormuzd et Ahriman ; il fait succéder le jour à la nuit, et partage l'empire du monde entre la lumière et les ténèbres. Seul entre toutes les divinités des Perses, il a des images, et un culte spécial accompagné de cérémonies sacrées. Les prêtres qui les accomplissent sont les Mages, caste puissante qu'on trouve mêlée dans l'histoire aux événements les plus importants. On figure ordinairement Mithra sous la forme d'un jeune guerrier qui plonge un cimeterre dans la gorge d'un taureau à demi couché et pliant les genoux. Ce taureau est l'emblème de l'année solaire qui expire pour renaître. Les mystères de ce dieu se célébraient au fond d'une grotte par l'entremise des Mages, qui initiaient ceux des jeunes Perses que la rigueur des épreuves n'effrayait pas. Ces épreuves, d'abord légères, devenaient de plus en plus redoutables. L'eau et le feu y étaient tour à tour employés ; les adeptes étaient soumis au jeûne et à l'emprisonnement ; on les flagellait, on leur commandait des exercices violents qui mettaient souvent leur vie en péril. Ceux qui pouvaient surmonter ces terribles épreuves recevaient de la bouche des prêtres des dogmes mystérieux qu'ils ne devaient point divulguer. Aux termes des cérémonies de l'initiation, on posait sur la tête du néophyte une couronne qu'il rejetait en disant : « C'est Mithra qui est ma couronne. » Il gardait l'épée qu'on lui offrait en même temps : dès lors il était soldat de Mithra, le frère et le compagnon d'armes de tous les initiés.

Les doctrines de la religion des Perses sont exposées dans le Zend-Avesta, livre sacré, composé par Zoroastre, prêtre et réformateur du culte des Mages.

Questionnaire.

Quels furent les premiers objets du culte des Perses ? — Quels noms les Perses donnent-ils au Créateur ? — Les Perses n'admettent-ils pas deux principes, le principe du bien et le principe du mal ? — Sous quels noms les adorent-ils ? — Quel est le nom des génies bienfaisants créés par Ormuzd ? — Racontez la lutte d'Ormuzd et d'Ahriman. — Quelle sera la fin de cette guerre ? — Quel est le nom de l'empire d'Ahriman. — Qu'est-ce que Mithra, et que savez-vous des mystères de ce dieu ?

III. CROYANCES DES ÉGYPTIENS.

OSIRIS. — ISIS. — TYPHON. — HORUS.

Les prêtres de l'Égypte, dépositaires de la science et tout-puissants dans l'État, se réservèrent la connaissance des grands principes religieux, et livrèrent à la crédulité des peuples des fables obscures qui recélaient un sens que le vulgaire n'atteignait pas.

Eux-mêmes ils connaissaient l'unité de Dieu et avouaient que les dieux de leur panthéon n'en étaient que des manifestations diverses. Les Grecs ont assimilé ces divinités à celles de l'Olympe. Ils ont cru reconnaître leur Vulcain dans Phthah, dieu du feu, leur Jupiter dans Ammon, leur Minerve dans la déesse Nout qui préside à la voûte du ciel. Les dieux solaires étaient nombreux. C'étaient Ra, Horus, Osiris, etc. Horus naissait chaque matin : c'était alors Horus le petit, *Har-pe-khrout,* et on le représentait comme un enfant qui se suce le doigt. Les Grecs, par une fausse interprétation de cette image, en firent leur Harpocrate, dieu du silence. Osiris était le soleil qui meurt le soir, vaincu par Set ou Typhon, dieu des ténèbres. Isis, la Lune, sœur et femme d'Osiris, le cherche la nuit, et il renaît le lendemain matin dans son fils Horus.

Les principales divinités que les prêtres Égyptiens proposèrent à l'adoration du peuple furent Osiris et Isis. Voici comment ils en racontaient l'histoire aux Grecs : Osiris, fils de Cronos et de Rhéa, selon les uns, ou de Jupiter et de Junon, selon d'autres, eut pour sœur et pour femme Isïs. Ce couple céleste parut sur la terre et vint régner en Égypte. Ils commencèrent par établir des lois qui firent cesser l'état de barbarie, et ils enseignèrent aux hommes l'art de cultiver la terre. Après avoir civilisé l'Égypte, Osiris en laissa le gouvernement à Isis, et se mit à parcourir le monde à la tête d'une armée nombreuse, subjuguant partout les peuples, non par les armes, mais par l'attrait de la musique et de la poésie. Cependant le perfide Typhon, profitant de l'absence de son frère, tenta d'usurper son trône ; mais ses projets furent déjoués par la prudence et par la fermeté d'Isis. Au retour d'Osiris, Typhon, qui n'avait pas renoncé à ses coupables desseins, dressa un piége dans lequel tomba le souverain de l'Égypte. Le perfide, comptant sur l'assistance de soixante-douze conjurés et d'Aso, reine d'Éthiopie, invite son frère à un festin magnifique, comme pour fêter son heureux retour. Au milieu des plaisirs de la fête, Typhon fait apporter un coffre d'un merveilleux travail, dont la vue excite l'admiration des convives. Il promet de le donner à celui d'entre eux dont le corps pourrait le remplir : comme il avait été fait sur la mesure de celui d'Osiris, tous essayent et échouent successivement. Osiris réussit pour son malheur, car à peine s'est-il placé dans le coffre que Typhon, à la tête des conjurés, le referme, le scelle avec du plomb et court le précipiter dans le fleuve, qui le porte dans la mer par la bouche Tanitique, depuis lors obje d'exécration pour les Égyptiens. Osiris à ce moment était dans la vingt-huitième année de son âge et de son règne.

Lorsque le bruit de sa mort se fut répandu, les Pans et les Satyres parcoururent les plaines et les montagnes en poussant de longs gémissements. Isis reçut cette triste nouvelle dans la ville de Chemnis où elle se trouvait alors. Sa douleur fut vive ; elle se couvrit d'habits de deuil et se mit à la recherche du corps de son époux bien-aimé. Des enfants lui apprirent par quelle bouche du Nil le coffre était entré dans la mer. Ses recherches furent longtemps stériles, quoiqu'elle eût pris pour compagnon un fils d'Osiris, le fidèle Anubis, étrange divinité dont le corps de forme humaine est surmonté d'une tête de chien. Cependant le coffre dépositaire du corps d'Osiris s'était arrêté sur la côte de Byblos, dans une bruyère qui l'avait enveloppé, et qui, prenant bientôt des proportions inusitées, était devenue un arbre élevé et majestueux. Le roi de Byblos, frappé de la beauté de cet arbre, le fit couper et en transforma la tige en une colonne qui supportait le comble du palais. Isis, instruite de ces faits, se dirigea vers Byblos ; dans l'attitude d'une suppliante, elle s'assit aux portes de la ville près d'une fontaine. Les femmes de la reine remarquèrent sa douleur et sa beauté ; la reine voulut la voir et se l'attacha comme nourrice de son enfant. La déesse le nourrissait en lui mettant le doigt dans la bouche, et la nuit, pour purifier son corps, elle l'entourait de flammes célestes. Souvent, sous la forme d'une colombe, elle allait se placer au sommet de la colonne qui renfermait les restes d'Osiris. La reine la surprit une nuit pendant que les flammes entouraient son fils et que la déesse voltigeait autour de la colonne. Effrayée, elle poussa un cri terrible. Isis, reprenant alors sa forme naturelle, réclame la colonne, qui lui est accordée, et elle en retire le cercueil d'Osiris, sur lequel elle se précipite avec tous les symptômes du désespoir. Elle emporta en Égypte ce précieux fardeau. Résolue de venger la mort d'Osiris, elle se rendit à la ville de Buto, où Horus, leur fils, était secrètement élevé. Elle voulait en faire l'instrument de sa vengeance. Cependant elle cacha dans un lieu écarté le cercueil d'Osiris ; mais Typhon, chassant à la clarté de la lune, le découvrit, retira le corps d'Osiris et le partagea en quatorze lambeaux qu'il dispersa de tous côtés. Isis se mit alors à la recherche des membres épars de son époux, visitant les sept bouches du Nil sur un esquif de papyrus. Elle fit élever sur tous les points où les membres du dieu avaient été retrouvés des tombeaux et des temples.

Osiris revint des enfers pour instruire son jeune fils et l'exciter à combattre l'usurpateur. Ses leçons ne furent pas inutiles. Horus rassembla une armée et livra une bataille sanglante, dans laquelle Typhon fut vaincu et fait prisonnier. Cependant Isis délivra Typhon, et Horus, dans un moment de colère, arracha de la tête de sa mère le diadème que remplacèrent des cornes de vache qui furent depuis l'ornement distinctif d'Isis. Typhon profita de la liberté qui lui était rendue pour ourdir de nouvelles trames, et voulut ravir à Horus, légitime souverain de l'Égypte, le trône de son père ; mais ses projets avortèrent, et il fut relégué dans les déserts.

On dit qu'après la mort d'Osiris, l'âme de ce dieu passa dans le corps du bœuf Apis, autre divinité que révérèrent les Égyptiens, et qu'ils remplaçaient immédiatement toutes les fois que la mort venait leur enlever cet objet de leur culte.

On représente Osiris dans son rôle de juge des enfers. Il est momifié, et tout son corps, sauf l'avant-

bras et la main, est engagé dans le maillot funèbre.
Il tient de la droite le fouet symbole de fécondité, de
la gauche le sceptre symbole de pouvoir. Il a sur la
tête la couronne blanche flanquée de deux longues
plumes d'autruche. Isis est vêtue du sarreau collant
commençant au-dessous du sein et soutenu par une

Fig. 47. — Isis et Osiris.

bretelle qui passe sur l'épaule gauche, anneaux aux
chevilles, la main gauche levée en signe de protection, la main droite pendante et armée de la croix
ansée, signe de vie, coiffée de la coiffure des déesses
mères, le plumage de vautour aux ailes retombant
le long des joues. La coiffure est surmontée des

deux cornes de vache embrassant le disque solaire et le siége qui sert à écrire le nom de la déesse.

Les Égyptiens honoraient encore, comme une divinité puissante, Thoth ou Hermès, auquel ils avaient donné le surnom de Trismégiste, ou trois fois grand. Hermès est le symbole de l'esprit : c'est lui qui inventa les sciences et le moyen de les perpétuer, c'est-à-dire l'écriture. Tous les livres saints de l'Égypte sont l'ouvrage d'Hermès, et c'est de lui que relèvent les prêtres, comme les rois se rattachent à Osiris.

Après la conquête de l'Égypte par Alexandre, sous la domination des Ptolémées, la religion se modifia, et les hommages que l'on rendait à Osiris se portèrent sur Sérapis. Cette nouvelle divinité n'est autre qu'Osiris dans le tombeau. Lorsque sa statue que l'on fit venir de Sinope eut été placée à Alexandrie, dans un temple magnifique, le crédit des autres dieux fut ruiné, tous les hommages se portèrent sur Sérapis, et ce fut à ses autels qu'on vint de toutes parts chercher la guérison des maladies du corps et de l'esprit.

Quelques mots aussi sur la mythologie assyrienne. L'unité de Dieu était encore au fond. Le Dieu suprême *Ilou*, nommé aussi *Assour*, en rappelait le souvenir. En face de lui, le dieu *Anou*, nommé par les Grecs Oannès et figuré sous la forme d'un poisson, représentait le chaos, première émanation du Dieu suprême. *Bel* était le dieu de la lumière et *Monah* celui de la providence. Cette religion était surtout astronomique. Dans le grand temple de Bel à Babylone, on adorait, sur des terrasses concentriques superposées, le soleil, la lune, et les dieux des planètes, *Samdan* pour Saturne, *Mardouc* pour Jupiter, *Nergal* pour Mars, *Istar* pour Vénus et *Nebo* pour Mercure.

Questionnaire.

Quelles sont les principales divinités de l'Égypte? — Racontez l'histoire d'Osiris et d'Isis? — Qu'est-ce que Typhon? — Quel est le nom du fils d'Osiris et d'Isis. — Qu'est-ce qu'Hermès? — A quelle époque s'introduisit le culte de Sérapis? — Quelles sont les principales divinités de l'Assyrie?

IV. CROYANCES DES SCANDINAVES ET DES GAULOIS.

ORIGINE DES DIEUX, DU MONDE ET DES HOMMES.

Les Scandinaves, peuple guerrier sorti d'Asie et établi au nord de la Germanie, formèrent leurs dieux à leur image. Tout dans leurs croyances respire la guerre. Voici les principaux traits de cette mythologie : avant les temps régnaient le Chaos et la Nuit; dans le vide immense existait le créateur Altfader, qui n'a pas eu de commencement et qui n'aura pas de fin. Il produisit d'abord la terre glacée de Ginongagap et la terre brûlante de Muspelheim; le contact de la glace et du feu produisit des vapeurs humides, fécondes, d'où sortirent le géant Ymer et la vache Audumbla, dont le lait nourrit le géant. Ymer donna naissance à la race des géants. Audumbla, de son côté, produisit, en léchant les pierres couvertes de givre, un être vivant, Bor, qui épousa la fille d'un géant et qui en eut trois fils : Odin, Vili et Vé. Les fils de Bor tuèrent le géant Ymer, dont le sang noya toute sa race. Ce meurtre produisit la terre, car la chair du géant forma le continent et les îles; son sang, la mer et les lacs ; ses os, les montagnes ; ses dents, les pierres ; son crâne devint la voûte du ciel, sa cervelle, les nuages. Les étincelles de feu qui jaillissaient du Muspelheim formèrent les étoiles.

Odin et ses frères avaient mis la main à cet ouvrage ; le monde créé, ils en devinrent les dieux, et prirent possession du ciel ; puis ils firent l'homme et la femme pour peupler la terre. Toutefois, leur puissance était menacée par un des géants échappés au déluge du sang d'Ymer, et qui s'était réfugié dans une contrée lointaine avec sa famille : les sourcils d'Ymer leur servirent à construire une palissade qui devait les protéger contre les incursions des géants.

CONSEIL DES DIEUX.

Les Scandinaves reconnaissaient douze grands dieux ou Ases et autant de déesses : à leur tête se présente Odin, maître de l'univers, chef suprême des armées ; il préside le conseil des dieux ; son immense regard embrasse l'univers. Il traverse les airs, monté sur un coursier fougueux, dont huit pieds précipitent la course ; pendant les combats, il plane au-dessus des champs de bataille, et les guerriers sentent sa présence et entendent le hennissement de son cheval. Les Valkyries, déesses du camp, le suivent dans ses courses, la tête couverte d'un casque d'or, les cheveux épars, la lance à la main, et montées sur des chevaux ardents. Thor est le dieu de la force, le maître du tonnerre, le fléau des monstres et des génies ; le bruit de la foudre est le passage de son char d'airain au-dessus des nuages. Freyr, autre divinité puissante et courageuse, armée d'une épée dont le tranchant coupe comme un brin d'herbe les cuirasses de fer et les rochers, gouverne les vents et la pluie, et règle le cours du soleil. C'est lui qu'on invoquait pour obtenir d'abondantes moissons.

Après ces trois dieux qui dominent le conseil, il faut placer Niord, dieu des mers ; Tyr, le soutien des guerriers et des athlètes ; Braga, l'Apollon du Nord, dieu du chant et de la poésie ; Heimdall, le gardien du pont céleste, c'est-à-dire de l'arc-en-ciel, par lequel les dieux communiquent avec la terre. Les sens de ce dieu sont si déliés, qu'il distingue les plus petits objets à une grande distance, et qu'il entend croître l'herbe des champs et la laine des brebis ; Balder, le dieu bon et aimable, principe du bien, symbole de la beauté ; Vidar, qui doit tuer un jour le terrible ennemi du dieu, le loup Fenris, auxiliaire des génies ; Vali, habile à tirer de l'arc ; Uller, dont les patins sillonnent les glaciers avec une incroyable vitesse ; enfin, Forsate, le conciliateur des disputes, le juge des rois.

Parmi les grandes déesses on distingue Frigga, femme d'Odin, qui partage avec lui les âmes de ceux qui meurent sur le champ de bataille ; Freya, déesse de l'amour ; Eyra, qui veille sur la santé des dieux et des hommes.

Le conseil des dieux se tenait sous le frêne Ygdrasil, dont les racines pénètrent les entrailles de la terre, et dont les rameaux couvrent le monde entier. Dans leurs repas, où l'hydromel coule à grands flots, et où les sangliers sont dévorés, les dieux sont servis par les Valkyries.

LE VALHALLA.

Le paradis des Scandinaves s'appelle Valhalla : les héros admis dans ce séjour y retrouvent une image embellie de la terre ; ils se livrent, à travers les airs, de terribles combats où les blessures sont sans douleur et la mort momentanée. Au sortir du combat, les vainqueurs vont s'asseoir à la table des dieux, et ils savourent le lait de la chèvre Heidrun, la bière la plus pure, et les membres fumants d'un sanglier, toujours intact, toujours renaissant, pour satisfaire leur appétit. L'enfer s'appelle Niffleim, lieu de ténèbres et de douleur, traversé par neuf fleuves d'une eau noire et fangeuse : c'est le séjour des lâches.

Ces dieux ne doivent pas durer toujours. A côté d'eux subsiste le génie du mal, Loki, cet autre Ahriman, qui appartient à la race des géants ; semblable aux dieux par l'intelligence et la beauté extérieure, ses vices l'ont dégradé, et il aime le mal pour le mal. La fille d'un géant lui a donné pour progéniture le serpent Midgard, dont les anneaux enveloppent la terre, Héla ou la mort qui règne aux enfers, et le loup Fenris. Les dieux sont parvenus à enchaîner ces monstres ; mais un jour viendra où l'ébranlement du monde leur rendra un moment la liberté ; alors, dans une lutte horrible des éléments, des dieux et des génies du mal les esprits malfaisants seront détruits. La plupart des dieux, Odin lui-même, périront, et de ce bouleversement sortiront des divinités plus puissantes et un monde meilleur.

CROYANCES DES GAULOIS. — LEURS DIVINITES.

Il faut ajouter ici quelques mots sur les croyances des anciens habitants de la Gaule. On en sait peu de chose de certain. Leur culte n'avait d'autre temple que les sombres forêts, l'autel était un bloc de pierre,

Ils adoraient un dieu suprême, créateur du monde ;

Fig. 48. — Une druidesse.

mais ils reconnaissaient encore d'autres divinités puis-

12

santes : le terrible Teutatès, auquel on immolait des victimes humaines ; Hésus, qui était le dieu des batailles ; Bélénus, dieu de la lumière ; Camulus, autre dieu des combats. Les druides, prêtres de cette religion, étaient les dépositaires d'une science mystérieuse qui se conservait par la mémoire, dans des vers composés pour l'instruction des peuples. L'immortalité de l'âme était le principal et presque le seul dogme de la religion qu'ils enseignaient. Dans la classe des druides se trouvaient aussi les druidesses, avec des fonctions analogues, et les bardes, dont l'œuvre était d'encourager les guerriers par des chants héroïques et de célébrer leurs exploits par des hymnes. Parmi les arbres des forêts, le chêne était surtout vénéré. et c'est sur ses branches que l'on cueillait chaque année, dans une fête publique, le gui sacré dont l'éternelle verdure était le symbole de la puissance qui féconde la terre et renouvelle les saisons.

Questionnaire.

Quel est le caractère de la mythologie scandinave ? - - Qu'est-ce que le géant Ymer et la vache Audumbla ? — De qui Odin était-il fils ? — Quel fut son premier exploit ? — Quelle est l'origine de la terre ? — Combien les Scandinaves reconnaissent-ils de dieux ? — Quels sont les noms de ces dieux et leurs fonctions ? — Quelles sont les principales déesses de la mythologie des Scandinaves ? — Quel est l'emploi des Valkyries ? — Où se tenait le conseil des dieux ? — Quel est le nom du paradis des Scandinaves ? — Comment se nomme le génie du mal ? — Quels sont ses auxiliaires ? — Comment se terminera la lutte d'Odin et de Loki ? — Quels étaient les principales divinités des Gaulois ? — le nom de leurs prêtres ? — celui de leurs poëtes ?

TABLE ANALYTIQUE

DES MATIÈRES.

MYTHOLOGIE

DES GRECS ET DES ROMAINS.

INTRODUCTION.. **v**

Origine de la mythologie. — Formation des fables et
matériaux de la mythologie. — Symboles, allégories,
emblèmes. — Division de la mythologie. — Du Destin.
— Création du monde; génération des dieux. — Premiers âges du monde. — Origine de l'homme. — Origine de la femme....................................... **1**

PREMIÈRE PARTIE.

DIVINITÉS DU CIEL.

1. SATURNE... 17

Histoire de Saturne. — Séjour de Saturne sur la terre.
— Culte de Saturne.

2. JUPITER.. 21

Enfance de Jupiter. — Guerre des Géants. — Mariages
de Jupiter. — Complot des dieux contre Jupiter. —
Conseil et cour de Jupiter. — Voyages de Jupiter sur
la terre ; Lycaon. — Philémon et Baucis. — Déluge
de Deucalion. — Culte de Jupiter.

3. JUNON.. 33

Mariage de Junon. — Jalousie et vengeances de Junon.
— Culte et attributs de Junon.

4.   APOLLON. — LES MUSES.............................. 37
     Naissance d'Apollon. — Disgrâces d'Apollon. — Séjour
       d'Apollon sur la terre. — Attributs d'Apollon.
     Les Muses.

5.   DIANE. — CONSTELLATIONS........................... 50
     Naissance et attributs de Diane. — Vengeances de Diane.
       — Culte, temples et images de Diane.
     Constellations.

6.   MINERVE.. 57
     Naissance, attributs et premier exploit de Minerve. —
       Dispute de Minerve et de Neptune. — Vengeances de
       Minerve. — Culte et image de Minerve.

7.   MERCURE.. 61
     Naissance et larcins de Mercure. — Services rendus
       aux dieux par Mercure. — Attributs et images de
       Mercure.

8.   MARS... 64
     Naissance de Mars. — Aventures de Mars. — Culte de
       Mars chez les Romains.

9.   VÉNUS.. 67
     Naissance de Vénus. — Jugement de Pâris. — Les
       Grâces; Cupidon; Adonis. — Culte de Vénus.

DEUXIÈME PARTIE.

DIVINITÉS DE LA TERRE.

1.   CYBÈLE... 73
     Naissance, culte et images de Cybèle.

2.   CÉRÈS.. 75
     Naissance de Cérès; enlèvement de Proserpine. —
       Voyages, bienfaits et vengeances de Cérès. — Plutus.
       — Culte et images de Cérès.

3.   BACCHUS.. 79
     Naissance, éducation et conquêtes de Bacchus; Si-
       lène. — Vengeances de Bacchus; Penthée; Lycurgue;
       les filles de Minée. — Culte et images de Bacchus.

4. VULCAIN...................................... 84
Naissance, disgrâces, travaux, culte et images de Vulcain.

5. DIVINITÉS SUBALTERNES DE LA TERRE.. 87
Palès ; Flore ; Pomone ; Vertumne ; Priape ; Pan ; Satyres ; Nymphes.

TROISIÈME PARTIE.

DIVINITÉS DE LA MER.

1. OCÉAN ET TÉTHYS............................ 93
Océan ; Téthys ; les Océanides.

2. NEPTUNE...................................... 94
Naissance et exploits de Neptune. — Attributs et culte
de Neptune.

3. NÉRÉE... 97
Nérée, son origine, ses filles les Néréides.

4. DIVINITÉS SUBALTERNES DE LA MER.................... 98
Protée. — Triton, Glaucus et Mélicerte. — Phorcys. —
Les Sirènes — Les Harpyes. — Éole et les Vents. —
L'Aurore.

QUATRIÈME PARTIE.

DIVINITÉS DES ENFERS.

1. DESCRIPTION DU TARTARE ET DES ENFERS............ 106

2. PLUTON....................................... 109
Pluton, son culte et ses images.

3. MINISTRES DE PLUTON............................ 111
Minos, Éaque et Rhadamanthe. — Les Furies. — Les
Parques. — Charon. — Némésis.

4. SUPPLICES DANS LE TARTARE — RÉCOMPENSES DANS LES
CHAMPS ÉLYSÉES................................... 114
Sisyphe. — Salmonée. — Phlégyas. — Ixion. — Tantale.
— Les Danaïdes. — Les champs Élysées.

182   TABLE ANALYTIQUE DES MATIÈRES.

CINQUIÈME PARTIE.

DIVINITÉS ALLÉGORIQUES.

ALLÉGORIES... 119
    Bellone, la Discorde, etc. — Fable de Psyché.

SIXIÈME PARTIE.

HÉROS OU DEMI-DIEUX.

1. ESCULAPE... 126
2. HERCULE... 127
    Naissance et éducation d'Hercule. — Les douze travaux
    d'Hercule. — Derniers exploits, mort et apothéose
    d'Hercule.
3. PERSÉE.. 134
4. BELLÉROPHON... 137
5. THÉSÉE.. 138
6. EXPÉDITION DES ARGONAUTES............................. 142
7. GUERRES DE THÈBES.................................... 145
    Fondation de Thèbes ; Cadmus ; Laïus ; OEdipe. — Pre-
    mière guerre de Thèbes ; les sept chefs ; Étéocle et
    Polynice. — Guerre des Épigones.
8. GUERRE DE TROIE...................................... 150
    Cause et préparatifs de la guerre de Troie ; préparatifs
    de l'expédition. — Siége de Troie ; colère d'Achille ;
    prise de la ville. — Suites de la guerre de Troie.

APPENDICE

I. CROYANCES DES INDOUS................................ 155
    Création du monde ; Brahm ; Brahmâ ; Vichnou ; Siva.
II. CROYANCES DES PERSES............................... 163
    Religion des anciens Perses ; Zervane-Akerène ; Ormuzd.
    — Ahriman. — Mithra.

III. Croyances des Égyptiens.......................... 167
    Osiris ; Isis ; Typhon ; Horus.

IV. Croyances des Scandinaves et des Gaulois............ 173
    Origne des dieux, du monde et des hommes. — Conseil
    des dieux. — Le Valhalla. — Croyances des Gaulois ;
    leurs divinités.

FIN DE LA TABLE ANALYTIQUE.

8081-94. — Corbeil. Imprimerie Crété.

www.ingramcontent.com/pod-product-compliance
Ingram Content Group UK Ltd.
Pitfield, Milton Keynes, MK11 3LW, UK
UKHW021639170726
13836UKWH00005B/2281